Franz Kafka

Erzählungen

Interpretation von
Reinhard Meurer

Oldenbourg

Zur Zitiertechnik:
Autoren, deren Werk in der Auswahlbiographie erscheint, werden im fortlaufenden Text nur mit dem Autorennamen zitiert, sofern nicht auf mehrere verschiedene Werke dieses Autors Bezug genommen wird.
Abkürzungen zu Kafka:
1. Primärtexte werden nach der Fischer-Taschenbuch-Ausgabe (Bd. 1078, 1992) von Paul Raabe zitiert. Hier wird nur die Seite angegeben.
2. Briefe an Brod werden abgekürzt mit BB, Briefe an Felice mit BF, der Brief an den Vater mit BV, Tagebücher mit T.

CIP-Titelaufnahme der Deutschen Bibliothek

Meurer, Reinhard:
Franz Kafka, Erzählungen: Interpretation/von Reinhard Meurer. – 2., überarb. u. erg. Aufl. – München: Oldenbourg, 1988
(Oldenbourg-Interpretationen; Bd. 18)
ISBN 3-486-88603-7

2., überarbeitete und ergänzte Auflage 1988
Unveränderter Nachdruck 01 00 99 98 97
Die letzte Zahl bezeichnet das Jahr des Drucks.

Lektorat: Ruth Bornefeld, München
Herstellung: Karina Hack, München
Umschlaggestaltung: Klaus Hentschke, München
Gesamtherstellung: Wagner GmbH, Nördlingen

ISBN: 3-486-88603-7

Inhalt

Anhang

1 Vorwort

Zum Vorhaben
Das vorliegende Bändchen enthält Interpretationen zu acht repräsentativen Erzähltexten Kafkas, die aus seiner Hauptschaffensperiode (1912–1920) stammen. Es handelt sich vorwiegend um Texte, die zu Lebzeiten Kafkas veröffentlicht worden sind. Von der erst aus dem Nachlaß publizierten Prosa werden nur zwei Texte – wegen ihrer hohen Signifikanz – aufgenommen (*Die Brücke* und *Heimkehr*). Die Texte sind im wesentlichen chronologisch angeordnet, um gewisse Entwicklungslinien in der Motivik erkennbar werden zu lassen.

Das Bändchen ist von der Auswahl der Primärtexte und von der didaktischen Aufbereitung her auf die Bedürfnisse eines anspruchsvollen Literaturunterrichts in Sekundarstufe II (Kollegstufe) und des literaturwissenschaftlichen Grundstudiums zugeschnitten. Die Notwendigkeit einer Neu-Interpretation dieser vielinterpretierten Texte ergibt sich nicht zuletzt daraus, daß in den letzten Jahren neue Grundlagen der Kafka-Interpretation durch die umfassenden biographischen und produktionsästhetischen Forschungen von Hartmut Binder, Malcolm Pasley u. a. geschaffen und neue Interpretationsmöglichkeiten (individualpsychologische, sozialpsychologische und kommunikationspragmatische Ansätze) in Umrissen sichtbar geworden sind.

Zur Rezeptionslage
An dieser Stelle erscheint uns ein kurzer Rückblick auf die wichtigsten Richtungen der Kafka-Rezeption im deutschsprachigen Raum angebracht: Als Kafka 1924 vierzigjährig starb, war er unter Literaturkennern kein Unbekannter. *Das Urteil* z. B. hatte durchaus bei Schriftstellerkollegen und Literaturkritikern Aufsehen erregt – und nicht minder *In der Strafkolonie.* Aber der vom Umfang her größere Teil des Gesamtwerks (z. B. die Romane) wurde erst aus dem Nachlaß nach 1924 durch Max Brod veröffentlicht. Außerdem wirkte Kafkas Dichtung derart neuartig und schockierend, daß das breitere Publikum als Adressat zunächst kaum in Frage kommen konnte. Kafka selbst, in seinem widersprüchlichen Streben nach Kommunikation einerseits und Isolation andererseits, scheute die Publikation, so daß Brod vieler

Überredungskünste bedurfte, um ihn doch zur Preisgabe von Manuskripten zu bewegen, und wenn Brod sich an die beiden (voneinander graduell abweichenden) Vernichtungsaufträge gehalten hätte, hätte es überhaupt keine Veröffentlichung aus dem Nachlaß (also keinen *Prozeß* und kein *Schloß*) gegeben. Dennoch hat Kafka immerhin einen Großteil der Erzähltexte in Zeitschriften und in Buchform drucken lassen. Es gibt viele Selbstzeugnisse dafür, daß Kafka sein Schreiben als (wenn auch bildhaft verfremdete) Selbstdarstellung auffaßte, genauer gesagt als Versuch einer intuitiv-symbolhaften Selbstfindung. Kafkas Interesse galt seiner eigenen „inneren Welt", die er allerdings mit der Zeit zunehmend als Paradigma wertete und gestaltete. Die äußere Welt blieb weitgehend außerhalb seines Wahrnehmungsbereichs. So findet der Erste Weltkrieg in den umfangreichen Tagebüchern und Korrespondenzen dieser Jahre für Kafka anscheinend überhaupt nicht statt, wenn man von einigen Überlegungen zur Rentabilität einer eventuellen Kriegsanleihe und ähnlich randlichen Bemerkungen absieht.

Kafka war ein unzeitgemäßer Zeitgenosse, und wenn das breitere Publikum auf Kafka so schwach reagierte wie er auf die aktuellen Probleme der Zeitgenossen, kann das eigentlich niemand wundern. Kafka erschwerte in vielen Fällen dem Leser das Verständnis noch zusätzlich, indem er kürzere Texte losgelöst von dem ursprünglichen umfassenderen Kontext veröffentlichte (so etwa *Vor dem Gesetz* ohne den *Prozeß*-Kontext, *Eine kaiserliche Botschaft* losgelöst von *Beim Bau der Chinesischen Mauer* u. ä.).

Der Ansatz zu einer breiteren Kafka-Rezeption nach der sukzessiven Veröffentlichung des Nachlasses (vor allem durch Max Brod) wurde im deutschsprachigen Raum durch die Naziherrschaft erstickt.

Erst nach dem Zweiten Weltkrieg entfaltete sich jenes Zeitphänomen, das der Rezeptionsforschung und rezeptionsorientierten Literaturtheorien reiches Material lieferte: die Kafka-Rezeption.

Sie stand im Nachkriegsdeutschland zunächst ganz im Zeichen der religiös-metaphysischen Gehaltsdeutung. Nicht zuletzt trug Max Brod, der Freund, Impresario, posthume Herausgeber und, wie allgemein angenommen, berufene Interpret zur einseitig-religiösen Fehldeutung bei. Er stilisierte Kafka schon zu Lebzeiten zu einer Heiligenfigur um (z. B. in einem Artikel der Neuen Rundschau aus dem Jahre 1921, Nr. 11). So blieb es auch in seinen zahlreichen späteren Veröffentlichungen. Symptomatisch sind schon die Titel (z. B. „Das Unzerstörbare" [Stuttgart 1968]) oder der Untertitel seiner Biographie Kafkas (2. neue Aufl. 1966, 1. Aufl. 1937): „Franz Kafkas Glauben und Lehre. Verzweiflung und Erlösung im Werk Franz Kafkas".

Eine gewisse Säkularisierung, doch keine gänzliche Entmythisierung brachte jene zweite Welle der Kafka-Interpretation in Deutschland mit sich, die den Akzent von der Transzendenz auf das weltimmanente Sein verlagerte und Kafka als eine Art Früh-Existenzialisten oder als Dichter des absoluten „Seins" verstand. Der Name Wilhelm Emrich ist mit dieser Deutungsrichtung verbunden, doch ist damit der Spielraum seines Werkzugangs nur zum Teil erfaßt: denn es gibt Darstellungen Emrichs, die Kafka konkreter – als Dichter der modernen Industriegesellschaft – zu definieren versuchen. Von diesem Ansatz ist der Weg nicht weit zur marxistischen Kafka-Interpretation. Sie hat sich verständlicherweise mit diesem Autor schwer getan. Im Ostblock wurde Kafka zunächst totgeschwiegen, bzw. als kapitalistisch verdammt. Erst 1963 bahnte sich in der Tschechoslowakei der Versuch einer Art Rehabilitierung und sozialistischen Umdeutung an. 1965 erschien erstmalig eine offizielle Übersetzung des *Prozeß* in der UdSSR – nachdem der Roman seit 1961 in Samisdat-Manier unter der Hand verbreitet worden war. Im Westen versuchte dagegen Wagenbach realistisch-biographische Aspekte mit gesellschaftskritischen Deutungen zu verbinden. Sein Hauptverdienst ist es, der Hagiographie Brods eine realistisch ausgerichtete Biographie gegenübergestellt zu haben (Klaus Wagenbach: Kafka. rororo bildmonographie Nr. 91, 1964). Die in der Folge unternommenen Anstrengungen, Kafka als Kritiker der kapitalistischen Gesellschaft zu sehen (vor allem in mehreren Modellen auf didaktischer Ebene), krankten in der Regel an einem methodisch unzulässigen Wörtlich-Nehmen des Kafkaschen Codes (als ob z. B. „Geschäft" bei Kafka ein wirtschaftliches Unternehmen und sonst nichts wäre).

Die zu kurz greifende naiv-materialistische Interpretation, die exemplarisch durch Gert Sautermeisters schulbezogene Analyse: Die sozialkritische und sozialpsychologische Dimension in Franz

Kafkas „Die Verwandlung" (Der Deutschunterricht [1974] Nr. 26, H. 4, 99–109) belegbar ist, geht in den achtziger Jahren durchaus noch weiter. So sieht z. B. Beatrice Sellinger den „Vater" im *Urteil* als Repräsentanten des Kapitalismus: „... selbstsüchtig und eigennützig mißbraucht jedoch der Vater Georg Bendemanns seine Autorität und opfert den Sohn seiner kaufmännischen Eitelkeit, seinem persönlichen geschäftlichen Ehrgeiz" (Beatrice Sellinger: Die Unterdrückten als Antihelden. Frankfurt/Bern 1982, S. 145).

Einen ersten wirklich gelungenen Versuch, die Kafka-Interpretation nicht als angewandte Weltanschauung, sondern als Wissenschaft zu betreiben, unternahm Friedrich Beißner in seiner berühmt gewordenen Studie: Der Erzähler Franz Kafka (Stuttgart 1952). Er wählt einen strukturalistischen Analyseansatz und stellt die „Einsinnigkeit" der Erzählweise Kafkas heraus (d. h. vereinfacht gesagt: Der implizierte Erzähler sieht die erzählte Welt im wesentlichen aus der stark eingeschränkten Perspektive des „Helden", obwohl er zu diesem andererseits durch die „Er"-Form eine gewisse Distanz hält). Zwar findet sich bei Kafka diese Erzählstruktur nicht so durchgehend, wie Beißner meint. Trotzdem führt die Strukturanalyse zu bleibenden Ergebnissen. Durch Beißner wurden mehrere fruchtbare Arbeiten in dieser neuen Richtung angeregt. Hier sei nur auf die ergebnisreiche Bestandsaufnahme der Erzählmotive und der Erzähltechnik in Kafkas Romanen durch Martin Walser hingewiesen (M. W.: Beschreibung einer Form. München 1961).

Auf dem Boden der Rezeptionsästhetik (insbesondere der Leerstellentheorie Wolfgang Isers, vorgestellt in: Die Appellstruktur der Texte. Konstanz 1970) entwickelte sich in den siebziger Jahren eine Interpretations-Skepsis, die sehr schnell auch in die Praxis des Deutschunterrichts Eingang gefunden hat (vgl. dazu die Kritik von Bernd W. Seiler: Vieldeutigkeit und Deutungsvielfalt. Der Deutschunterricht [1982] Nr. 34, H. 6, 87–104, die sich speziell auf Kafka-Interpretation in der Schule bezieht). So geht etwa Norbert Groeben so weit, generell die Möglichkeit der Verifizierung oder Falsifizierung von Rezeptionen in Frage zu stellen, wonach als einziges wirklich wissenschaftliches Betätigungsfeld der Literaturwissenschaft die Rezeptionsuntersuchung übrigbleibt (N. G.: Literaturpsychologie. Stuttgart 1972, 168 et passim). Ähnlich konstatiert Horst Steinmetz: „Literarischen Texten zugesprochene semantische Eindeutigkeit bedeutet die Annullierung ihres literarischen Status" (H. St.: Suspensive Interpretation am Beispiel Franz Kafkas. Göttingen 1977, 41). Dennoch rückt er von dem völligen Relativismus Groebens ab, indem er die Strukturuntersuchung (die, so wie er sie praktiziert, stark an Walsers Methode erinnert) für wissenschaftlich hoffähig erklärt, soweit sie nur auf Deskription und nicht auf Deutung abzielt: „Die Interpretation Kafka'scher Texte kann nicht weiter vordringen als bis zur Deskription ihrer inneren Struktur, in der alle gängigen Deutungskategorien annihiliert werden" (a. a. O., 81). – Daß der Relativsatz dieses Zitats schon eine Pauschaldeutung enthält, sei am Rande vermerkt, weil es ein Schlaglicht auf die Stringenz der Argumentation wirft.

Gerade am Beispiel der „Suspensiven Interpretation" wird die Nachwirkung des gesellschaftsbezogenen Deutungsansatzes in manchen rezeptionsorientierten Arbeiten zu Kafka deutlich, wenn Steinmetz ohne eine andere Begründung als die der Divergenz aller Kafkadeutungen behauptet: „Sie (alle Werke Kafkas, der Vf.) sind in ihrer Eigenart nicht in erster Linie als Ausdruck einer besonderen Individualität und ihrer Problematik zu sehen ..." (a. a. O., 66). Steinmetz interpretiert (trotz seines Interpretationsverdikts) wenigstens in cumulo: „Kafkas Werke sind eine Reaktion auf diese Zeitsituation. Sie ziehen die Folgerung aus Wirklichkeitserlebnissen, in denen die Ohnmacht des Menschen sichtbar wird, der die auf ihn zukommende Realität mit Rationalität, Reflexion, Fleiß und scheinbar möglicher Anpassung bewältigen will" (a. a. O., 64). Diese Charakterisierung trifft sicher mit gleicher oder größerer Gültigkeit auf Hunderte von Werken des zwanzigsten Jahrhunderts zu und ist kaum geeignet, Kafkas Werke kenntlich zu machen. Implizit besagt das auch eine Bemerkung von Steinmetz auf der gleichen Seite: „Die Erfahrung des Brüchigwerdens der Welt-, Seins- und Zeitstrukturen schlug sich überall in der Literatur des 20. Jahrhunderts nieder" (a. a. O., 64).

Wenn man die ungeheure Vielfalt der spekulativen Gehalt-Deutungen überblickt, wird die Skepsis gegenüber der Wissenschaftlichkeit von Interpretation schlechthin nur zu verständlich. Berechtigt ist sie in dieser Verabsolutierung nicht, jedenfalls dann nicht, wenn sie von einem Axiom der Unwiderlegbarkeit jeder

Rezeption ausgeht (wie etwa Erwin Leibfried: Kritische Wissenschaft vom Text. Stuttgart 1970, 79 et passim, auf den sich Horst Steinmetz a. a. O., 35, beruft). Hier liegt eine mangelnde begriffliche Unterscheidung zugrunde: Jeder Leser hat das Recht, einen Text subjektiv zu rezipieren und zu verarbeiten, natürlich auch: ihn mißzuverstehen. Mißverständnisse sind möglich. Sie können manchmal als solche nachgewiesen, oft zumindest evident gemacht werden. Aber sie bedürfen keiner Widerlegung, solange sie keinen Anspruch auf Objektivität erheben. Viele der vorliegenden Interpretationen, die eben diesen Anspruch erheben, enthalten widerlegbare Mißverständnisse.

Der größte Teil der Unzulänglichkeiten in der Kafkadeutung beruht darauf, daß in der Epoche der sogenannten „immanenten“ Interpretation (aufgrund der Vorstellung vom in sich geschlossenen und nach außen hin abgeschlossenen Kunstwerk) ebenso wie bei dem überwiegenden Teil der gesellschafts- und rezeptionsorientierten Interpretationen der sechziger und siebziger Jahre (welche die Individualität des Autors weitgehend aus dem Auge verlieren) die texterhellende Bedeutung von Kontext in jeder Form (Werk, Tagebuch, Brief, historisch-situative Bezüge) nicht hinreichend beachtet worden ist. Mitbedingt durch die besonderen Zeitumstände, mitbedingt auch durch die Editions-und Interpretationspraxis von Max Brod, ist die Philologie zu kurz gekommen. Die notwendige, quasi positivistische Vorarbeit zur Erstellung einwandfreier Primärtexte und von biographischen, psychologischen und soziologischen Hintergrundinformationen ist im Grunde erst ein halbes Jahrhundert nach Kafkas Tod angelaufen und noch längst nicht zu einem auch nur vorläufigen Abschluß gekommen. Bezeichnenderweise entsteht erst sechzig Jahre nach Kafkas Tod die erste textkritische Edition des Gesamtwerks. Was Beißner seinerzeit für einen Neueinsatz der Kafka-Interpretation von der strukturellen Seite her leistete, das dürften mutatis mutandis die Forschungen von Hartmut Binder für die Gehalt- und Symbolinterpretation bewirken: Biographisch-historisch abgesicherte Interpretation nach sehr breiter Sichtung des Kontexts und unter Einbeziehung der Psychologie als Hilfswissenschaft. Daher ist das zweibändige Kafka-Handbuch, hrsg. von Hartmut Binder, Stuttgart 1979, vermutlich für die nächsten Jahre ein unentbehrliches Standardwerk geworden.

Weitere wichtige Impulse hat Gerhard Neumann gegeben, vor allem durch seinen Kommentar zum *Urteil* (Franz Kafka, Das Urteil. Text, Materialien, Kommentar. München 1981). Neumann arbeitet – das ist das Neue an seinem Ansatz – auf wissenschaftlichem Niveau psychologische und kommunikationspragmatische Aspekte in die genuin literaturwissenschaftliche Betrachtungsweise ein. Psychologische Deutungsversuche zu Kafka hat es zwar schon zu seinen Lebzeiten gegeben, aber entweder einseitig aus psychoanalytischer Sicht, wobei in der Regel dem Werk das bekannte Freudsche Erklärungsmodell (z. B. „Ödipuskomplex" oder anderweitige frühkindliche Schockerlebnisse, die der traumatischen Verdrängung anheimgefallen sind) übergestülpt wurde. Die Ergebnisse sind für die Literaturwissenschaft in der Regel irrelevant und stehen im allgemeinen auf mehr als tönernen psychologischen Füßen: Kate Flores konstatiert (1947) eine homoerotische Neigung Kafkas zu seinem Vater (!). Rita Falke will im *Urteil* hingegen den Ausdruck einer homosexuellen Bindung in der Beziehung Georgs zu seinem Petersburger Freund erkannt haben (1960). Nach Margarethe Mitscherlich-Nielsen gehen Kafkas chronische Schuldgefühle nicht auf sein gestörtes Verhältnis zum Vater zurück, wie Franz Kafka das selbst immer gesehen und im *Brief an den Vater* dargestellt hat, sondern auf den Tod zweier jüngerer Brüderchen. Franz Kafka war zu dem Zeitpunkt vier bzw. fünf Jahre alt und soll sich die Schuld am Tod der Brüder unbewußt zugeschrieben und an diesem Schuldgefühl lebenslänglich laboriert haben (1977). Rudolf Kreis beruft sich auch auf diesen „Urschock" des Geschwistertodes (1983), ohne Margarethe Mitscherlich zu erwähnen. Als Beweis führt er an, daß das erste verstorbene Brüderchen Georg hieß und eben dieser Name in Georg Bendemann (*Das Urteil*) wieder auftaucht. Sicherheitshalber fügt Kreis noch einen weiteren Urschock hinzu, das (dokumentarisch unbeweisbare) Erlebnis der sogenannten „Urszene" (der Begriff geht auf Freud zurück), also des elterlichen Koitus, das in der *Verwandlung* Spätfolgen zeigen soll. Den Beweis soll die „gänzliche Vereinigung" der Mutter mit dem Vater (85) erbringen, die sich auf einfachere Art – entsprechend der Sicht, die Kafka im *Brief an den Vater* (BV, 25) entwickelt – erklären läßt (vgl. dazu die Interpretation des *Urteils*). Die „kleinen weißen Pünktchen" am Bauch des Ungeziefers werden von Kreis ohne weiteres mit den tödlichen Maserpocken des Brüderchens Georg identifiziert. Dagegen lehnt Kreis die von Günter Mecke (1983) wieder aufgewärmte These von der Homosexualität Kafkas ironisch ab.

Es ist sehr verständlich, wenn von den meisten Literaturwissenschaftlern derartige psychoanalytische Aperçus abgelehnt werden. Bei Neumann aber wird zum erstenmal eine seriöse Einbeziehung dieser Hilfswissenschaft vorgeführt. Zwar bringt Neumanns Rekurs auf die Lacansche Spracherwerbstheorie wenig. Es gelingt ihm aber, die Dialogstruktur der Auseinandersetzung von Vater und Sohn (im *Urteil*) mit Hilfe des Begriffsapparates von Watzlawick sehr exakt zu beschreiben – jedenfalls was den Beziehungsaspekt betrifft. Der Inhaltsaspekt des Dialogs und die Symbolik der Erzählung insgesamt kommen jedoch zu kurz, ebenso wie die Untersuchung des Aufbaus und der Sprache.

Arbeitsprinzipien

Mit unserem Interpretationsband wollen wir versuchen, soweit dies möglich ist, Text durch Kontext verstehbar zu machen. Eine detaillierte Behandlung der Sekundärliteratur ist vom Umfang her nicht möglich, da der Apparat bei gründlichem Vorgehen den Umfang der Primärtexte um das Mehrfache übersteigen würde. Außerdem könnte die Einführung, die mehr auf die Rezeption als auf Kafka einginge, nur abschreckende Wirkung haben. Unser Anliegen besteht darin, zu genauem Lesen der einzelnen Texte Anleitung und Hilfe zu geben. Einordnungsfragen in bezug auf gattungspoetologische oder historische Kategorien müssen dagegen zurücktreten. Da ein Inhaltsverständnis bei Texten, die eher nach den Spielregeln des Primärprozesses als des Sekundärprozesses[1] entstanden sind, anders nicht zu erzielen ist, ziehen wir bei der Interpretation solcher Texte (z. B. des *Urteils*) hilfsweise Analysetechniken der tiefenpsychologischen Traumdeutung heran. Dabei werden folgende Grundsätze berücksichtigt:

1. Nur wenn eine Aussage bei rationaler Betrachtung keinen Sinn ergibt, werden tiefenpsychologische Deutungsmethoden eingesetzt.

2. Nur solche Zugriffe kommen zur Geltung, die zum unbestrittenen Instrumentarium verschiedener psychologischer Schulen

gehören. Daher verzichten wir z. B. auf das umstrittene freudianische Prinzip der Umkehrung ins Gegenteil als Erklärungsmöglichkeit.

3. Wir versuchen nicht, den Text in ein starres Modell der Psychoanalyse einzuzwängen.

Da tiefenpsychologische Kenntnisse beim Leser nicht unbedingt vorausgesetzt werden können, sind in Kap. 3 einschlägige Arbeitsmaterialien angegeben.

Bei der Erstellung des jeweiligen „inneren" Kontextes kommt durch den Akt der Auswahl natürlich ein subjektives Moment ins Spiel. Dies gilt vor allem für diejenigen Tagebucheintragungen, die aphoristisch verkürzte und pointierte Reflexionen darstellen. Der Gültigkeitsbereich dieser „Aphorismen" (so wollen wir sie hier der Einfachheit halber benennen) läßt sich oft schwer angeben. Durch ihre relativ starke sprachliche Verselbständigung in Verbindung mit ihrer Abstraktheit eignen sie sich im allgemeinen weniger, um konkrete Situationen bzw. chiffrenhafte Bilder zu erhellen.

Eine weitere Eigentümlichkeit besteht bei Kafka darin, daß oft zeitlich entlegene Texte eine überraschend enge Motiv- und Bedeutungsverwandtschaft aufweisen. Das hängt damit zusammen, daß Kafkas innere Entwicklung weniger linear als kreisförmig verläuft. Nicht von ungefähr dominieren in vielen Texten Kafkas Kreisbewegung und Konzentrik in der Zeit- und Raumstruktur (z. B. in *Eine kaiserliche Botschaft* oder in *Auf der Galerie*). Infolgedessen darf es nicht verwundern, daß *Das Urteil* (1912) und der *Brief an den Vater* (1919) eine derart hohe Motivähnlichkeit aufweisen. Beide Texte enthalten eine unbewußte (*Das Urteil*) bzw. bewußte (*Brief an den Vater*) Auseinandersetzung mit dem väterlichen Über-Ich, die jeweils durch Verlobungs- und Verselbständigungsabsicht ausgelöst wird.

Aus dem Kreis der möglichen Quellen sind die *Gespräche mit Gustav Janouch* bewußt ausgeklammert. Eduard Goldstücker hat mehr als hinreichendes Beweismaterial dafür beigebracht, daß sie als Verfälschung, ja als absichtsvolle Fälschung zu werten sind. Goldstücker zeigt dies (Goldstücker, 244 und 252/53) unter anderem an zwei „Kernstellen" auf, die des öfteren als „Beweis" für Kafkas sozialkritische Einstellung verwendet worden sind.

2 Interpretationen

2.1 **„Das Urteil"** – Eine Geschichte für Fräulein Felice B. –

Wohl jeder, der diese *Geschichte für Fräulein Felice B.* zum erstenmal liest, wird sie zunächst so „wild und sinnlos" finden, wie der Autor selbst sie fast ein Vierteljahr nach ihrer Entstehung (Nacht vom 22./23. September 1912) gegenüber Felice Bauer charakterisiert (Brief vom 5. 12. 1912). Den Kern ihrer Handlung bildet ein kurzer Dialog zwischen Vater und Sohn, der wörtlich und ohne Raffung präsentiert wird. Sieht man von der zeitlich unbestimmten Dauer der Eingangssituation ab, so kann man sagen, daß auf den neun Druckseiten (bei annähernder Deckung von erzählter Zeit und Erzählzeit) lediglich die letzten Minuten im Leben der beiden Antagonisten dargestellt werden. Innerhalb dieser wenigen Minuten wandelt sich der erfolgreiche und selbstzufriedene junge Kaufmann Georg Bendemann zum verzweifelten Selbstmörder, der kränkliche und infantile Vater zum Riesen und zum Richter seines Sohnes. Der Anlaß der Konfrontation ist eine Belanglosigkeit: Der Sohn teilt dem Vater mit, daß er einem fernen Jugendfreund nun endlich seine Verlobung anzeigen will. Versteht man schon kaum, warum der Sohn den Vater dieser Nichtigkeit wegen aufsucht – nachdem er ohne erkennbaren Grund das Zimmer des Vaters seit Monaten gemieden hat –, so erscheint die Reaktion des Vaters vollends als die eines Wahnsinnigen: Zuerst bestreitet er die Existenz des Jugendfreundes, dann gibt er sich als Briefpartner desselben aus und wirft dem Sohn vor, er wolle den emigrierten und seit Jahren nicht mehr in der Heimat aufgetauchten Freund „unterkriegen", um heiraten zu können. Ohne dies zu erklären, macht er sogar den Sohn für den drohenden Untergang des Freundes verantwortlich – wie für den Tod der vor drei Jahren verstorbenen Mutter. Georgs Schuld soll angeblich darin bestehen, daß er gezögert habe, reif zu werden. Reife scheint in dem Zusammenhang mit Heirat gleichsetzbar. Andererseits nimmt der Vater dem Sohn die Heiratsabsicht übel. Den Gipfel der Paradoxie bildet aber das Verhalten des Sohnes: Er nimmt das Todesurteil mit völliger Selbstverständlichkeit an und vollstreckt es selbst auf der Stelle, obwohl seine letzten Worte – „Liebe Eltern, ich habe euch doch immer geliebt“ – die Urteilsbegründung als hinfällig erscheinen lassen.

Angesichts dieser Sachlage versuchen wir, einen ersten Zugang zum Werk von der Seite zu gewinnen, die am ehesten objektivierbare Beobachtung erlaubt: von der Struktur her.

2.1.1 Die Makrostruktur der Handlung

Von der Handlung aus gesehen gliedert sich der Text in drei deutlich abgrenzbare Phasen:

S. 23–26 (ca. 3 Seiten): „Exposition“: Darstellung der Ausgangssituation des Helden

S. 26 (Mitte) – 29 (untere Mitte): Entwicklung der Konfrontation (Dominanz des Sohnes)

S. 29–32: Zuspitzung der Konfrontation (Dominanz des Vaters als Richter) bis hin zur Urteilsvollstreckung.

Man könnte zusätzlich den Drehpunkt von der zweiten zur dritten Phase, die „Auferstehung“ des Vaters als Peripetie und den Selbstmord am Schluß als Katastrophe bezeichnen und hätte dann den klassischen Fünfschritt der Tragödie vor sich.

Elemente des Dramatischen lassen sich auch in anderer Hinsicht entdecken: das Element des Zweikampfs als zentrales Motiv, die dialogische und szenische Anlage, die Steigerung im Geschehen, im Tempo, in der Paradoxie der Argumente. Schließlich läßt sich die unauflösliche Verbindung von Schuld und Unschuld als ein exemplarischer Fall von Tragik verstehen.

Die erste Phase, die wie die beiden folgenden ein Drittel des Textes umfaßt, sei als Exposition gekennzeichnet, weil sie eine Ausgangslage statisch beschreibt. Es geht um die augenblickliche Lebenssituation des jungen Kaufmanns, sein Verhältnis zu dem (namenlosen) Jugendfreund und die beabsichtigte briefliche Kommunikation. Die scheinbar vernunftgesteuerten Reflexionen des Helden werden neutral wiedergegeben. Ein eigentlicher Zeitablauf ist noch nicht ins Rollen gekommen. Noch hat der Held die Muße und die Souveränität, auch das Draußen mit in den Blick zu nehmen. Die Phase endet gewissermaßen mit einer Fermate von unbestimmter Dauer: Das langwährende geistesabwesende Dasitzen hat etwas Unerklärlich-Bedeutsames an sich und wirkt wie die Ruhe vor dem drohenden Sturm. Durch das mehrfache Plusquamperfekt des letzten Absatzes wird der Leser schon auf den kommenden Handlungseinsatz im epischen Präteritum vorbereitet.

Das „endlich" des nächsten Abschnitts (26 Mitte) markiert das Ende der Zuständlichkeit und den sozusagen längst überfälligen Handlungseinsatz. Zunächst ergreift Georg die Initiative. Offenbar bedarf es erheblicher Überwindung, den kleinen Gang in das Zimmer des Vaters zu tun; denn er begibt sich auf altbekanntes, aber doch unvertrautes Terrain. Jedenfalls hat Georg das Zimmer seit Monaten nicht betreten und staunt über seine Dunkelheit. Selbst die Figur des Vaters erscheint Georg verfremdet („Mein Vater ist noch immer ein Riese", 26). Die Äußerung hat nur Sinn, wenn Georg den Vater im Geschäft und im Alltag (und bei Licht betrachtet) nicht als Riesen erlebt. In der Tat kommt dieser Umstand auch Georg zum Bewußtsein: „Im Geschäft ist er doch ganz anders", dachte er, „wie er hier breit sitzt und die Arme über der Brust kreuzt" (27).

Der Dialog kommt zuerst in kurzen, noch wenig emotional getönten Wortwechseln in Gang, die sich im weiteren Verlauf aber zu beiderseitigen längeren, fast monologischen Äußerungen ausweiten. Die von der Situation her gegebene Dominanz des Sohnes wird durch die Fragen des Vaters und schließlich durch den Vorwurf der Täuschung ins Wanken gebracht, aber vorläufig durch den Akt des Zubettbringens wiederhergestellt.

Mit dem „Nein" (29) des Vaters wird schlagartig das Dominanzverhältnis umgekehrt. Der Vater steht im Bett. Seine Hand reicht bis zum Plafond. Während seine Vorwürfe auf Georg hinunterprasseln, führt er zugleich einen grotesken Cancan auf. Georg hingegen vermag nur noch einzelne Ausrufe zum „Dialog" beizutragen, die sich regelmäßig gegen den Sprecher selbst kehren und dem Vater Stichwort oder Bestätigung liefern („Komödiant", 30, „Zehntausendmal", 31). Ihren Höhepunkt finden die Tiraden des Vaters in der Urteilsverkündung, die zeitlich fast mit der Vollstreckung zusammenfällt. Mit dieser Eruption des Urteils stürzt nun allerdings auch die Vaterfigur in sich zusammen. Obwohl der Sohn den Sturz des Vaters wahrnimmt, hält ihn dies nicht davon zurück, sich mit ungeheurer Eile nach draußen zu stürzen. Der eigentliche Akt des Selbstmordes wird allerdings auf eine merkwürdig umständliche Art vollzogen. Georg schwingt sich über das Geländer (– es muß wohl das Brückengeländer gemeint sein –), hält sich „mit schwächer werdenden Händen" fest, um sich dann erst im Moment des stärksten Verkehrs hinabfallen zu lassen.

Insgesamt gesehen weist das *Urteil* in besonderer Klarheit jene „reflexive" Struktur auf, die vielen Texten Kafkas zugrunde liegt (zum Vergleich sei auf *Kübelreiter* und *Kaiserliche Botschaft* hingewiesen): Zunächst deutet sich – teils in antizipierender Reflexion, teils durch tatsächlich positive Entwicklung der Handlung – die Lösung eines prekären Problems an. Dann aber erfolgt nach einer deutlich markierten Peripetie (sprachlich gekennzeichnet durch Gegensatz-Partikeln) das völlige Scheitern, oft der freiwillige Tod oder die totale Annihilation des Ich, wobei Tod und Selbstvernichtung zugleich als Wunscherfüllung erscheinen können (z. B. in *Wunsch, Indianer zu werden*).

Im *Urteil* wird die Kreisform betont durch das umrahmende Brückenmotiv. Inhaltlich allerdings muß das Bild des Kreises präzisiert werden. Genaugenommen bildet die Lebenslinie Georgs eine Spirale abwärts.

2.1.2 Sprache und Erzählhaltung

Der dramatische Charakter der makrostrukturellen Komposition findet seine stilistische Entsprechung in der sprachlichen Mikrostruktur des zweiten und dritten „Akts". Während im ersten „Akt" Reflexionswiedergabe und stark raffender Bericht als Redeweisen vorherrschen, bestimmen den Mittelteil Dialog und szenisch vergegenwärtigende Beschreibung; dies gilt im Prinzip auch für den dritten Teil, in dem der Gesprächsanteil des Vaters sich aber fast schon zum Monolog ausweitet.

Die Erzählung setzt sprachlich ganz unauffällig ein. Der erste Satz hat die Schlichtheit eines Märchenanfangs. Ihm folgen zwei breit und geruhsam ausholende hypotaktisch angelegte Sätze, die die Hauptfigur und die momentane Situation von außen beschreiben.

Dabei fällt auf, wie pauschal und typisierend die Beschreibung der Umgebung bleibt, wohingegen Bewegung und Haltung Georgs („verschloß ihn in spielerischer Langsamkeit ... den Ellbogen auf den Schreibtisch gestützt“, 23) ohne erkennbaren Grund nähere Beachtung finden. Über das Aussehen Georgs hinwiederum erfahren wir weder hier noch im folgenden die geringste Einzelheit. In einer Ich-Erzählung würde es nicht wundernehmen, wenn die Ich-Figur nicht porträtiert wird, aber das *Urteil* ist durchaus in der dritten Person gehalten. Ein Blick auf die anderen Personen der Erzählung zeigt, daß auch sie buchstäblich gesichtslos bleiben. Die Beschreibung der Haltung, der Bewegung und der Gestik nimmt stattdessen einen großen Raum ein, wie anhand des zweiten Teils noch näher untersucht werden soll.

Der erste Teil bringt nach der Skizzierung der Situation vorwiegend Überlegungen Georgs, die sich auf den Freund beziehen. Der (unsichtbare) Erzähler, der sonst zwar Einblick in Georgs bewußte Gedankengänge hat, aber im übrigen eine neutrale Außensicht bevorzugt, nähert sich hier der reflektierenden Hauptperson auf die Halbdistanz der „erlebten Rede“. Das nun vorherrschende „man“ schließt mehr als eine Person ein. Die offen bleibenden Fragen („Wie sollte man einem solchen Mann schreiben ...“, 23) und das gehäuft auftretende „vielleicht“ (bzw. „wahrscheinlich“) zeigen in Verbindung mit dem „man“ als Subjekt an, daß der Erzähler die Ungewißheit der Hauptfigur teilt. Überhaupt fällt auf, daß der Erzähler im allgemeinen eine räumliche Perspektive einnimmt, die von der Georgs nur dadurch unterschieden werden kann, daß Georg mit ins Bild kommt, während der „Fotograf“ unsichtbar bleibt. Zeitlich hält sich der Erzähler ebenfalls immer auf der gleichen Höhe wie die Hauptfigur. Vorausdeutungen etwa kommen nicht vor. Lediglich der Schlußsatz wirkt so, als ob sich der Erzähler erlaubte, über Georgs Tod um ein weniges hinauszusehen.

Im allgemeinen – und dies wird vor allem aus dem ersten „Akt“ ersichtlich – „weiß“ der Erzähler ebensoviel und ebensowenig über Georg, wie Georg selbst wissen kann. Wo psychische „Leerstellen“ auftauchen (etwa 26, 2. Abschnitt), geht es um psychische Zustände, die auch der Bewußtseinskontrolle Georgs nicht unterstehen. In einem Fall unterliegt sogar der Erzähler der gleichen Selbsttäuschung wie Georg: Georg hat dreimal in seinen verschiedenen Briefen an den Freund die Verlobung eines entfernten Bekannten erwähnt, seine eigene hingegen verschwiegen. Der Erzähler motiviert diese „Merkwürdigkeit“ so: „Er wollte nichts anderes, als die Vorstellung ungestört lassen, die sich der Freund in der langen Zwischenzeit wohl gemacht ..." (25). Dabei wird aus dem weiteren Verlauf des Geschehens klar, daß es sich nicht um ungestörte Vorstellungen des Freundes, sondern um einen höchst neuralgischen Punkt in Georgs Seelenleben handelt. Derlei Irreführungen des Lesers sind in Kafkas Werk nicht selten. Die allmähliche Demontage anfangs gemachter Behauptungen gehört zu den auffälligsten Merkmalen seiner Prosa. Ein besonders exzessives Beispiel dafür bildet etwa die Exegese der Türhüterlegende im *Prozeß*. Ob Kafka im *Urteil* diese Methode schon bewußt anwendet, läßt sich nicht erkennen. Es ist nicht ausgeschlossen, daß auch der Autor sich nicht von vornherein dessen bewußt ist, was dieses Verhalten Georgs bedeutet. Schließlich beweisen ja Kafkas Tagebucheintragungen, daß er sich erst nachträglich an den Sinn dieser Erzählung heranzutasten versucht hat.

Während im ersten Akt Georgs Blick entweder nach draußen oder ausgehend von dem Brief nach „innen" gerichtet ist (worin der Erzähler Georg folgt), ist er in den folgenden Szenen ganz auf den Vater fixiert. Lediglich die Vorstellung des zusammenbrechenden Freundes, die durch die Worte des Vaters ausgelöst wird, bildet darin eine Ausnahme. Diese Fixierung der äußeren Perspektive (welche ebenfalls den Erzähler betrifft), hat Kafka selbst zu der Deutung veranlaßt: „Nur weil er (Georg) selbst nichts mehr hat als den Blick auf den Vater, wirkt das Urteil ... so stark auf ihn" (T., 11. 2. 1913, 186). Warum aber der erfolgreiche junge Kaufmann, der durch seine Tüchtigkeit den Umsatz des Geschäfts verfünffacht hat, der mit einer Dame von Familie verlobt ist, nichts anderes haben soll als den Blick auf den Vater, läßt sich aus der Erzählung selbst nicht erklären. Wenn man jedoch die psychische Vorgeschichte des sechsunddreißigjährigen Franz Kafka, so wie er sie im *Brief an den Vater* (1919) darstellt, als die Geschichte Georg Bendemanns ansieht, so ergibt sein späteres Verhalten einen Sinn. Diese Sinnfrage zu erörtern, bleibt einem späteren Kapitel vorbehalten. Hier ist zunächst die besondere Sehweise der Erzählung zu beschreiben:

Wie schon angedeutet, ist die Charakterisierung des Vaters fast ganz reduziert auf Wiedergabe von Wort und Bewegung. Dadurch entsteht der Eindruck eines dramatischen Vorgangs, der sich von anfänglicher Statik zu einer furiosen Dynamik steigert.

Von vornherein erscheinen die Bewegungen des Vaters als bedeutsame, wenn auch für Georg nicht recht durchschaubare Ausdrucksbewegungen. Ausdrücklich wird vermerkt, daß Georg „den Bewegungen des alten Mannes ganz verloren folgte" (27), – ein doppelbödiger Satz: „folgen" läßt sich sowohl als optisches Folgen mit Blicken wie aber auch als existenzielles Abhängigsein verstehen. Das „ganz verloren" meint zwar vordergründig nur die momentane Bewußtseinsleere, aber hintergründig das existentielle Verlorensein des Selbst an den Vater. Obwohl Georg die Ausdrucksbewegungen nicht zu deuten vermag und der Erzähler sich einer Deutung enthält, wird der Leser dennoch unterschwellig den Gestus des Vaters verstehen, wenn Georg bemerkt: „Im Geschäft ist er doch ganz anders", dachte er, „wie er hier breit sitzt und die Arme über der Brust kreuzt" (27).

Bemerkenswert ist, daß immer nur ein Gestus gezeigt wird, wobei mitunter ein isoliertes deskriptives Detail momentan sichtbar wird: „‚Georg', sagte der Vater, und zog den zahnlosen Mund in die Breite" (27). Zu einem Gesamtbild des Menschen schließen sich die Details jedoch nicht zusammen. Zudem betreffen sie nur wenige und relativ unpersönliche Merkmale. Eine charakteristische Beschreibung findet sich S. 28, unmittelbar bevor der Vater mit der Behauptung „Du hast keinen Freund in Petersburg" zum Generalangriff übergeht: „Georg stand knapp neben seinem Vater, der den Kopf mit dem struppigen weißen Haar auf die Brust hatte sinken lassen. ‚Georg', sagte der Vater leise, ohne Bewegung. Georg kniete sofort neben dem Vater nieder, er sah die Pupillen in dem müden Gesicht des Vaters übergroß in den Winkeln auf sich gerichtet."

Im *Urteil* (und in abgeschwächter Form auch in der *Verwandlung*) dominieren die vorgängigen Elemente. Daß die allgemeine Aufmerksamkeit primär auf Bewegung gerichtet ist, zeigt sich hier unter anderem darin, daß der Erzähler es für nötig hält, Nichtbewegung ausdrücklich zu vermerken und so beim Leser die Erwartung kommender bedeutender Bewegung zu erzeugen. Die „Regieanweisungen" („stand knapp daneben ..., kniete sofort ... nieder") lassen die interaktive Funktion der Bewegung erkennen. Die Stellung der Personen im Raum drückt ihre innere Stellung zueinander aus; hier seien als Beispiele die „choreographischen" Anweisungen zusammengestellt, die sich auf einer einzigen Druckseite finden: „Georg sah zum Schreckbild des Vaters auf … Georg lief, fast zerstreut zum Bett, um alles zu fassen, stockte aber in der Mitte des Weges … Georg stand in einem Winkel, möglichst weit vom Vater … Georg … biß, nur zu spät, – die Augen erstarrt – in seine Zunge, daß er vor Schmerz einknickte …“

Im Gegensatz dazu steht der Vater in überhöhter Position auf dem Bett: „Und er stand vollkommen frei und warf die Beine …“

Halten wir fest: Das „Stellungsspiel“ als Ausdruck der Vater-Sohn-Beziehung dominiert in der Beschreibung der Personen. Selbst der ferne Freund unterliegt in der Vorstellung Georgs einem ähnlichen Stellungswechsel (30 oben). Die statisch-substantiellen Elemente der Personenbeschreibung sind diesem Prinzip im Grunde ebenfalls untergeordnet: Die voneinander isolierten Details (zahnloser Mund, struppiges, weißes Haar, müdes Gesicht einerseits, Riese, übergroße Pupillen andererseits) konstituieren nicht eine konstante, zeitüberdauernde Individualität, sondern betonen die latente Wandelbarkeit der Figur, welche aus ihrem Projektionscharakter erklärt werden kann. Die jeweils ohne Bezug zum körperlichen Ganzen herausstechenden Einzelheiten – zumal wenn sie in „Nahaufnahme“ überproportional vergrößert erscheinen –, bewirken den Eindruck allgemeiner Desorientierung. Dies gilt für die Perspektive des Erzählers und des Lesers, mehr aber noch für den inneren Zustand Georgs in dieser Situation: Er hat Orientierung, Bewußtseinskontrolle und innere Koordinationsfähigkeit verloren. Der Verlust an rationaler Selbstbestimmung kündigt sich schon im ersten Teil in dem abwesenden Dasitzen und Lächeln an. Eine weitere Station in diesem Prozeß des Sich-Verlierens stellt die oben zitierte Situation dar, in der Georg „ganz verloren“ den Bewegungen des Vaters folgt (27). In der dritten Phase hat die Destruktion des Ich den Höhepunkt erreicht:

„Georg lief, fast zerstreut, zum Bett … Vor einer langen Weile hatte er sich fest entschlossen, alles vollkommen genau zu beobachten, damit er nicht irgendwie auf Umwegen, von hinten her, von oben herab überrascht werden könne. Jetzt erinnerte er sich wieder an den längst vergessenen Entschluß und vergaß ihn, wie man einen kurzen Faden durch ein Nadelöhr zieht. (30)

… immerfort vergaß er alles.“ (31)

Nicht nur der Inhalt des Entschlusses wird also unter dem Druck der Situation vergessen, sogar das Zeitgefühl wird verunsichert, denn das „längst" und die „lange Weile" können allenfalls wenige Minuten umfassen.

Alles genau zu beobachten, war ein elementares Bedürfnis des Autors Franz Kafka, das oft geradezu manische Formen annahm. Viele seiner Figuren teilen es mit ihm. Immer entspringt es eben dem Mangel an existentieller Orientierung, Selbstgewißheit und Kommunikationsfähigkeit, und nie führt es zu dem gewünschten Erfolg – sei es, daß die Beobachtung sich auf untaugliche Objekte zuspitzt (so wenn Kafka in grotesker Hartnäckigkeit die verschiedensten Fotos der Geliebten – Felice Bauer – studiert und auswertet, statt sich zu einem Besuch in Berlin zu entschließen, oder wenn in der Türhüterlegende der Mann vom Lande die Flöhe im Pelz des Türhüters beobachtet), sei es, daß das Unvorhersehbare in einem jener Momente hereinbricht, wenn die Schutzmauer der Beobachtung von dem Wachtposten des Bewußtseins verlassen ist: Gregor Samsa findet sich beim Erwachen als Ungeziefer vor. Josef K. wacht auf und ist verhaftet. Im Falle Georgs löst der Abstieg aus der Helle der Tageswelt in das Dunkel der Vaterwelt den Orientierungsverlust aus, der sich zum Schluß bis zur völligen Ich-Aufgabe steigert. Nach der Urteilsverkündung gibt es nicht einmal jenes andeutungsweise Erwachen aus der Selbstvergessenheit, und sei es nur für einen vorübergehenden Augenblick: Er „fühlt sich ... gejagt", „es" treibt ihn (32).

2.1.3 Die Sprache der Dinge

Wir haben oben schon verfolgt, wie der Held in einer Art „Regression" den überblickbaren Bereich der Außenwelt und den Bezirk der Reflexion verläßt und sich in jenen Dämmerbereich begibt, der den Vater nicht nur als Riesen erscheinen läßt, sondern ihn zum Riesen macht. Es ist ein Schattenreich, in dem die Figuren auf Bewegungen und Gebärden reduziert sind und nicht als ganzheitliche Individuen, sondern als bloße Beziehungsgrößen, als abhängige und als unabhängige Variablen auftreten. Vergleichbares läßt sich auch über die dargestellte Welt der Gegenstände sagen. Der dunkle Raum, in den Georg eintritt, erscheint kahl wie eine Zelle, oder besser gesagt: Die Gegenstandswelt bleibt unsichtbar. Nur wenige Dinge treten als isolierte Details hervor: Bett, Sessel, Zeitung, Schlafrock, Uhrkette. Aber sie sind nicht in einen räumlichen Orientierungsrahmen gestellt. Sie haben keine Farbe und, wie es scheint, keine Materialqualität im alltäglichen Sinne. Dafür scheinen sie mit geheimer Bedeutung geradezu aufgeladen zu sein, Bedeutung für den Helden wie für den Vater: Der Vater spielt mit Georgs Uhrkette, hält sich an ihr fest, Georg erfaßt daraufhin ein schreckliches Gefühl. Von ähnlich ambivalenter Bedeutung scheint das Bett zu sein. Georg deutet es als Selbstlosigkeit, wenn er dem Vater sein Bett zur Verfügung stellt. Der Vater sieht darin das Totenbett. Derartige Hintergrundbedeutungen wirken um so intensiver, als die Sprache Kafkas sich ansonsten übertragener Bedeutungen konsequent enthält. Kafka haßte Metaphern, vielleicht weil sie Grenzen verwischen, vielleicht weil sie eine stimmungshafte Öffnung des Ichs zur Welt hin voraussetzen, deren er nicht fähig war. Im Vergleich jedenfalls, den Kafka durchaus verwendet, bleibt die Grenze unangetastet. Vielleicht aber täte auch die Nachbarschaft zur Metapher dem existentiellen Ernst, der „Wahrheit" der Symbolik Abbruch, die fast alle Gegenstände dieser Erzählung ausstrahlen.

Wer Kafkas Tagebücher und den Brief an den Vater gelesen hat, erkennt sie alle wieder: den Lehnstuhl als Thron, von dem aus Kafka, der Vater, „die Welt regiert" (BV, 17), den Schlafrock, mit dem angetan der Vater die Türen zum Zimmer des Sohnes durchbricht (*Großer Lärm* [1914]) und der die Riesenfigur des Vaters (BV, 16) wie ein Königsmantel umwallt, das Ehebett der Kafkas, dessen Anblick ihn bis „nahe zum Erbrechen" ekelt (BF, 19.9.1916, 729), die Uhrkette des Doppelgängers, an der das Traum-Ich zerrt (T., 26.10.1913, 204), oder auch jenen mysteriösen Studenten Kette, der den „alten Kaufmann", den „riesigen Mann" im Dunkeln aufsucht, um ihm eine Botschaft zu bringen (T., 24.11.1913, 208).

Unvermerkt sind wir hiermit an dem Punkt angelangt, von dem an der Kontext – sei es in Form von Tagebuch, Brief oder Werk – zur Erschließung der Hintergrundbedeutungen herangezogen werden muß:

Der Raum der Erzählung ist weitgehend identisch mit der Kafkaschen Wohnung. Das Zimmer des Sohnes entspricht Franz Kafkas Zimmer, an dessen Schreibtisch er die Erzählung in der

Nacht von Sonntag, dem 22., auf Montag, den 23.9.1912 in acht Stunden niederschrieb. Kafkas Blick fiel am Morgen, als es dämmerte und die Bedienerin ins Zimmer trat, tatsächlich auf Fluß und Brücke. Auch das Zimmer des Vaters hatte seine Entsprechung im Hause Kafka – nur: Franz Kafka „wußte" das nicht. Aber seine Schwester Ottla bemerkte es, als er ihr die Erzählung vorlas. Kafka selbst notiert: „Die Schwester sagte: ‚Es ist unsere Wohnung'. Ich staunte, wie sehr sie die Örtlichkeit mißverstand und sagte: ‚Da müßte ja der Vater auf dem Klosett wohnen.'" (T.,12.2.1913,187). Hier wird deutlich, daß eine schlichte realistische Gleichsetzung von Wirklichkeit und Dichtung nicht in Kafkas Absicht gelegen haben kann und daß das Vaterbild des *Urteils* aus tieferen Schichten aufsteigt. Wenn Kafka dieses Vaterbild in eine absolute Taburegion des Hauses „verdrängt", so hat das seine tiefenpsychologische Folgerichtigkeit, wie die Analyse der Vaterfigur zeigen wird. Die Tiefe, das Dunkel, die Abgeschlossenheit des Bezirks sowie die anfängliche Schwäche und der Schlaf des Vaters deuten darauf hin, daß es sich um eine Imago des Unbewußten handelt, die erst anläßlich der Heiratsabsicht des Sohnes virulent wird. Auch in diesem Punkt besteht eine enge Beziehung zur Biographie Kafkas. Durch die beabsichtigte Ehe wird der Sohn plötzlich zum Konkurrenten des Vaters auf dessen ureigenstem Gebiet (vgl. dazu: „So wie wir aber sind, ist mir das Heiraten dadurch verschlossen, daß es gerade dein eigenstes Gebiet ist", BV, 47). Wie dies zu verstehen ist, wird weiter unten untersucht werden. Jedenfalls bedeutet die Entfernung des Vaters aus seinem Lehnstuhl den Versuch der Entthronung, wenn man den Stuhl als jenen Machtfetisch betrachtet, den er im *Brief an den Vater* darstellt („... in deinem Lehnstuhl regiertest du die Welt ...", BV, 17).[2]

Darüber hinaus erscheint das Hinaustragen des Vaters die symbolische Umkehrung eines traumatischen Kindheitserlebnisses zu bilden, das Kafka im *Brief an den Vater* schilderte: Eines Nachts störte der kleine Sohn die Eltern im Schlaf, indem er „immerfort um Wasser winselte". Darauf reagierte der Vater zunächst mit Drohungen. Schließlich trug er das Kind aus dem Zimmer auf den Balkon: „Noch nach Jahren litt ich unter der quälenden Vorstellung, daß der riesige Mann, mein Vater, die letzte Instanz, fast ohne Grund kommen und mich in der Nacht aus dem Bett auf die Pawlatsche tragen konnte und daß ich also ein solches Nichts für ihn war" (16).

An dieser Stelle soll nun die Bedeutung der einzelnen Dingsymbole nicht detailliert erläutert werden, weil es ohnehin bei der Behandlung der Figuren und ihrer Beziehungen zueinander immer wieder notwendig sein wird, auf die Symbolik der ihnen zugeordneten Dinge einzugehen.

2.1.4 Die Figuren und ihre Beziehungen zueinander

Der Freund in der Fremde

Die rätselhafteste Figur der Geschichte ist der anonyme Freund in Petersburg. Widersprüche und Paradoxien kennzeichnen seine Beschreibung durch Georg. Als „altes Kind" wird er bezeichnet, dessen „wohlbekanntes Gesicht" der „fremdartige Vollbart" „nur schlecht verdeckt" (23). Der Vater gar spricht ihm erst jegliche Existenz ab („Du hast keinen Freund in Petersburg", 28), um ihn gleich darauf als „Sohn nach meinem Herzen" (29) wieder auferstehen zu lassen und ihn kurz darauf wieder zum Schatten zu degradieren („schon vor drei Jahren war er gelb zum Wegwerfen", 31).

Kafka hat selbst nachträglich immer wieder versucht, sich über die Bedeutung der Geschichte und der Figuren dieser Geschichte klar zu werden: „Es ist dies notwendig, denn die Geschichte ist wie eine regelrechte Geburt mit Schmutz und Schleim bedeckt aus mir herausgekommen" (T., 11.2.1913, 186).

Während er wie selbstverständlich „Georg Bendemann" und „Frieda Brandenfeld" auf „Franz Kafka" und „Felice Bauer" zurückführt (vgl. 32 ff.), gibt er für den Freund divergierende Hinweise. In einem Brief an Felice Bauer – der gegenüber er allerdings die Bedeutung des *Urteils* zu verharmlosen bestrebt ist – betont er eine Parallele zu dem sagenhaft reichen Onkel Alfred Löwy, der damals in Madrid als Eisenbahndirektor lebte (Brief vom 5.8.1913, 435). An anderer Stelle teilt Kafka mit: „Ich habe bei der Beschreibung des Freundes viel an Steuer gedacht" (T., 12.2.1913, 186). Doch kann es sich hier nur um äußere Merkmale gehandelt haben, denn Steuers Biographie weist außer der Tatsache der gleichzeitigen Verlobung keine Ähnlichkeit mit der des „Freundes" auf. Ebensowenig läßt sich der erfolgreiche und weltgewandte Onkel Alfred mit dem „Freund" gleichsetzen. Lediglich die Merkmale „Bart" und „Leben in der Fremde" haben beide Gestalten gemeinsam. Mag das Äußere der Figur von Erinnerungen an diese Personen bestimmt sein, ihr Wesen läßt sich damit nicht bestimmen. Aufschluß darüber gibt nun die ausführlichere Notiz Kafkas vom 11.2.1913: „... Der Freund ist die Verbindung zwischen Vater und Sohn, er ist ihre größte Gemeinsamkeit ... Die Geschichte zeigt nun, wie aus dem Gemeinsamen, dem Freund, der Vater hervorsteigt und sich als Gegensatz Georg gegenüber aufstellt ..." (a.a.O., 186). Wie auch immer das im einzelnen zu verstehen sein mag, eins ist sicher: Der Freund ist keine eigenständige Person, sondern ein Teilaspekt der tiefenpsychischen Projektion Kafkas. Diese Deutung gewinnt noch an Plausibilität, wenn man die Darstellung des Freundes mit Kafkas Selbstdarstellung im Tagebuch und in tagebuchnahen Texten vergleicht: Sowohl die Symbolfigur des Junggesellen wie die des alten Kindes dienen im Tagebuch geradezu als Topoi der Selbstdarstellung und finden sich ebensogut in den Jahren, die der Entstehung des *Urteils* vorausgehen (1910–1912) wie in späten Eintragungen nach 1920. In der Spätzeit (1921/1922) übersteigert Kafka die Kind-Symbolik (als Ausdruck der unschuldig-schuldhaften Unreife) bis zum Paradox: „Mein Leben ist das Zögern vor der Geburt" (24.1.1922, 350), wobei die Geburt symbolisch als Verknüpfung mit der Realität, Aufnahme mitmenschlicher Beziehungen usw. verstanden wird. Junggesellentum, Askese, Eheunfähigkeit bilden wesentliche Charakterzüge in Kafkas Charakterbild – ebenso wie in dem des Freundes. Selbst das Leben in der Fremde hat seine Parallele in Kafkas Selbstinterpretation; immer wieder finden sich im Tagebuch Klagen über das „Ausgeschlossensein aus der Menschenwelt: Ich bin zu weit, bin ausgewiesen" (T., 29.1.1922, 353). Sein Existenzgefühl kleidet sich in geographische Bilder: „Ich bin schon längst in der Wüste ..." (a.a.O., 353). Wie der „vor der kaiserlichen Sonne in die fernste Ferne geflüchtete Schatten" (*Eine kaiserliche Botschaft*, 138) ist auch der Freund in das ferne Rußland „förmlich geflüchtet" (23). Als Grund wird nur ganz vage angegeben, daß er mit seinem „Fortkommen zu Hause unzufrieden" gewesen sei. Allerdings ist es mit seinem geschäftlichen Fortkommen in Petersburg offenbar noch schlechter bestellt. Merkwürdigerweise denkt er aber nicht an Rückkehr, ja er hat nicht einmal die Heimat aufgesucht, versucht vielmehr, Georg zur Auswanderung zu überreden! Warum ausgerechnet Rußland als Ort des Exils gewählt wird, läßt eine Tagebuchskizze erahnen, die mit leichten Veränderungen später unter dem Titel *Der plötzliche Spaziergang* in den *Betrachtungen* (1913) veröffentlicht wurde: Thema dieses Textes ist der plötzliche Spaziergang als symbolischer Akt des Ausbruchs aus der Familie – eine Wunschvorstellung, die Kafka in jenen Jahren stark beschäftigte. Der vorletzte Satz dieser Skizze lautet: „... dann ist man für diesen Abend so gänzlich aus seiner Familie ausgetreten, wie man es durchdringender durch die entferntesten Reisen nicht erreichen könnte, und man hat ein Erlebnis gehabt, das man wegen seiner für Europa äußersten Einsamkeit nur russisch nennen kann." (a.a.O., 4.1.1912, 146). Dementsprechend lebt der Freund nicht nur entfernt von „zu Hause", sondern in fast völliger Isolation („fast keinen gesellschaftlichen Verkehr", 28). Seine einzige Kommunikationsmöglichkeit scheint das Schreiben von Briefen zu bilden – was in hohem Maße auch für Franz Kafka selbst zutrifft, der beispielsweise in seinem Verhältnis zu Felice Bauer den direkten Kontakt eher scheute, sexuelle Begegnung mit seiner Verlobten nicht nur vor, sondern auch während einer späteren Ehe als „Bestrafung des Glücks des Beisammenseins" (T., 14.8.1913, 198) ansah und daran die Reflexion knüpfte: „Möglichst asketisch leben, asketischer als ein Junggeselle, das ist die einzige Möglichkeit für mich, die Ehe zu ertragen". Die Briefdistanz war für ihn im Grunde die conditio sine qua non der dauerhaften Kommunikation. Daher entfacht Kafka in dem Moment, als ihm die persönliche Nähe der Verlobten aufgezwungen wird, einen ebenso manischen Briefwechsel mit Felices Freundin, Grete Bloch, wie zuvor mit Felice Bauer. Es braucht fast nicht erwähnt zu werden, daß jede der drei Verlobungen Kafkas von ihm selbst wieder aufgelöst wurde. Wenn wir davon ausgehen, daß das „besondere Korrespondenzverhältnis" (25) Georgs mit seinem Freund auf die innere Korrespondenz der beiden Figuren verweist, gewinnt die an sich merkwürdig überempfindliche Äußerung Friedas Sinn und Berechtigung: „Wenn du solche Freunde hast, Georg, hättest du dich nicht verloben sollen" (25).

Der Freund mit der gelben Hautfarbe und dem fremdartigen Vollbart steht in einem mehr als assoziativen Verhältnis zu jenem

Geistlichen in Kiew, der sich ein Blutkreuz in die flache Hand geschnitten hat (29).

Zwar gibt es einen möglichen Bezugspunkt in der historischen Realität – jene Petersburger Demonstration unter Anführung des Mönches Gapon (1905), der ein Kreuz vorantrug – später bekannt geworden unter dem Begriff „Petersburger Blutprozession" –, aber im Kontext des *Urteils* bleibt der historische Aspekt ebenso irrelevant wie der spezifisch christologische. Was Kafka an diesem Vorfall fasziniert, dürfte eher die allgemein-religiöse Aura der Stigmatisierung sein, die das selbst zugefügte Leiden als einen höheren Zweck ausgibt. Ähnlich charakterisiert Kafka in einem Brief an Felice Bauer seinen eigenen Zustand: „... eine unüberwindliche Furcht, Furcht davor, glücklich zu werden, eine Lust und ein Befehl, mich zu quälen für einen höheren Zweck." (BF, 30.8.1913, 458).

Damit ist allerdings weder der höhere Zweck noch die tiefere Ursache der Stigmatisierung geklärt. Falls man überhaupt eine Deutung wagen will, die sich nicht direkt aus dem Text der Erzählung ableiten läßt, muß man motivverwandte Kontextstellen heranziehen.

Die Blutwunde bzw. das Blutmal taucht in Tagebuchreflexionen, Traumberichten und in Erzählungen Kafkas als vieldeutiges Motiv auf, das im Tagebuch immer in irgendeiner negativen Beziehung zur Geschlechtlichkeit steht – am deutlichsten in jenem Traumbericht vom 9.10.1911 (T., 58/59), wo das Motiv erstmalig faßbar wird: „Ich hatte hauptsächlich mit einer Dirne zu tun ... dann erhob die Dirne bei ruhenden Beinen ihren Oberleib und wandte mir den Rücken zu, der zu meinem Schrecken mit großen siegellackroten Kreisen mit erblassenden Rändern und dazwischen versprengten roten Spritzern bedeckt war. Jetzt bemerkte ich, daß ihr ganzer Körper davon voll war, daß ich meinen Daumen auf ihren Schenkeln in solchen Flecken hielt und daß auch auf meinen Fingern diese roten Partikelchen wie von einem zerschlagenen Siegel lagen ..."

Anläßlich seiner zweiten Entlobung notierte Kafka im Tagebuch, die „Lungenwunde" (gemeint ist die mit einem Blutsturz aufbrechende Tuberkulose) sei nur ein „Sinnbild der Wunde, deren Entzündung F. (gemeint ist Felice Bauer) und deren Tiefe Rechtfertigung" heiße (T., 15.9.1917, 329). In einem späten Brief an Milena (1922, 114) kommt Kafka auf jene Entstehungsnacht des *Urteils* zu sprechen: „Damals brach die Wunde zum erstenmal auf in einer langen Nacht". Berücksichtigt man diese Zusammenhänge, so stellt sich das Blutkreuz in den Händen des Geistlichen als ein Bildelement dar, das auf mehreren Ebenen Bedeutung hat: Auf der Ebene der manifesten Handlung fungiert es seiner Auffälligkeit wegen in Georgs Argumentation als Erinnerungsmal (28). Es soll dem Vater die Existenz des Freundes in Erinnerung rufen. Rational betrachtet erscheint es sonderbar, daß als „Existenzbeweis" des Freundes ein Merkmal angeführt wird, das einer anderen Person zugehört, vor allem aber wundert es, daß dieses Merkmal so exzeptionell hervorgehoben wird. Eben dadurch gerät es in einen irrationalen Assoziationszusammenhang mit dem Freund und verweist auf eine tiefere Bedeutungsebene, die sich durch die klassische textimmanente Interpretationsmethode nicht erschließen läßt. Hier muß der Versuch einsetzen, aus dem Kontext und mit den Analysemethoden der Tiefenpsychologie Bedeutung zu gewinnen. Da wir von dem oben beschriebenen personalen Komplementärverhältnis zwischen Georg und dem Freund ausgehen dürfen, liegt es nahe, die ansonsten im Handlungszusammenhang so merkwürdig isolierte Figur des Geistlichen als einen weiteren symbolischen Aspekt des alter ego aufzufassen, das der Freund in Beziehung auf Georg darstellt. Der Freund – als „Junggeselle" im Sinne Kafkas – hat eine eigenartige Affinität zur religiösen Sphäre: Seine „Betkunst" (T., 15) macht ihn in gewisser Weise identisch mit dem „Beter" (*Gespräch mit dem Beter,* 186), der auf eine aufsehenerregende und fast masochistische Art „betet". „Er hatte ... sich mit seiner ganzen mageren Gestalt auf den Boden geworfen. Von Zeit zu Zeit packte er mit der ganzen Kraft seines Körpers seinen Schädel und schmetterte ihn seufzend in seine Handflächen, die auf den Steinen auflagen" (186). Sein Gebet hat aber keinen metaphysischen Adressaten, sondern dient dazu, „die Aufmerksamkeit der Leute in der Kirche" (189) zu erregen. Auf diese Weise gewinnt der Beter für sich selbst einen Existenzbeweis, den er auf anderem Wege nicht erhalten kann, denn „Es hat niemals eine Zeit gegeben, in der ich durch mich selbst von meinem Leben überzeugt war" (189). Die Parallelen zu dem Geistlichen des *Urteils* liegen auf der Hand: Auch der Geistliche nimmt eine (priesterliche) Gebetshaltung ein. Auch sein Verhalten enthält eine autoaggressive Komponente (selbstbeigebrachte Stigmata), ist gerichtet an eine anonyme Menge und hat anscheinend keinen außerhalb des Subjekts liegenden Grund. Vor allem aber: Die Wundmale des Geistlichen müssen als Existenzbeweis des Freundes dienen. Es erübrigt sich fast, darauf hinzuweisen, daß für Kafka selbst „Schreiben als Form des Gebetes" (*Aphorismen,* 348) galt. Dieses Schreiben hat aber nichts anderes zum Gegenstand als die Zurschaustellung jener Existenzwunde, „deren Entzündung F. und deren Tiefe Rechtfertigung" (s.o.) heißt. Dabei ist zu bedenken, daß für Kafka Sein und Schuldigsein identisch sind, so daß Beweis der eigenen Existenz und Rechtfertigung der eigenen Existenz engstens verknüpft sind. An dieser Stelle sei vorweg auf die Thematik der *Brücke* und des *Kübelreiters* hingewiesen, die auch unter diesem Aspekt gesehen werden kann: Die „Brücke" wartet eine Unendlichkeit lang auf die Möglichkeit, ihre Existenz zu rechtfertigen, indem sie ihre Brückenfunktion erfüllt, aber der Versuch scheitert. Der „Kübelreiter" versucht, dem „Kohlenhändler" seine Existenz zu beweisen, aber die Frau des Händlers erklärt ihn für nichtexistent, und der Kübelreiter „verliert sich" in der Tat.[3]

Georg Bendemann und seine Braut

Die Namengebung fast aller Helden der Romane und Erzählungen Kafkas hat einen geheimen oder offenen autobiographischen Bezug. Im Falle des *Urteils* hat Kafka dies selbst bestätigt. Allerdings hat er nichts darüber ausgesagt, ob über das Buchstaben-Zahlen-Spiel hinaus der Name Georg Bendemann sprechend ist: Denkbar wäre die Assoziation „Bauer"-„Georgos" (altgriechisch: „Bauer"). Die „Verstärkung" des Namens durch „-mann", von der Kafka spricht, wendet er auch bei „Roßmann", dem Helden des „Heizer", an. In beiden Fällen könnte damit der die Figur kennzeichnende Versuch, im Leben seinen Mann zu stehen (im Falle Georgs verstärkt durch die bevorstehende Heirat, die in Kafkas Augen den Gipfel der Lebensreife darstellt), angedeutet sein. Damit wäre die Assoziation „Bende"-„Bindung" in Einklang zu bringen. Ob derartige unterschwellige Bedeutungsverbindungen vorliegen, läßt sich nicht beweisen. Jedenfalls muß man mit der Möglichkeit rechnen, wenn man bedenkt, welchen Stellenwert kryptische Ich-Definitionen (in Form der Namengebung) bei Kafka im allgemeinen haben.

Wie dem auch sei, über die Tatsache, daß Kafka sich in Georg Bendemann gespiegelt gesehen hat, gibt es keinen Zweifel, ebensowenig darüber, daß die Begegnung mit Felice Bauer die Geschichte *Das Urteil* ausgelöst hat. „Ich verdanke die Geschichte auf Umwegen ihr" notierte Kafka selbst (T., 14.8.1913, 198). Zwar hatte er zum Entstehungszeitpunkt Felice Bauer erst einmal gesehen – am Abend des 13.8.1912 bei Max Brod – und ihr zwei Tage zuvor den ersten Brief nach Berlin geschickt („Sehr geehrtes Fräulein! Für den leicht möglichen Fall, daß Sie sich meiner auch im geringsten nicht mehr erinnern können, stelle ich mich noch einmal vor: Ich heiße Franz Kafka ...", BF, 20.9.1912, 43), aber es stand für ihn von vornherein fest, daß er sie heiraten wollte: „Während ich mich setzte, sah ich sie zum erstenmal genauer an, als ich saß, hatte ich schon ein unerschütterliches Urteil" (T., 20.8.1912, 178).

Worin die Anziehungskraft der fünfundzwanzigjährigen Felice Bauer (Jüdin, 1887 in Oberschlesien geboren, 1912 als Prokuristin in Berlin tätig) für Kafka lag, ist nicht erkennbar. Das Bild, das er in diesem Zusammenhang von ihr gibt, wirkt eher abschreckend: „Als ich am 13. August zu Brod kam, saß sie bei Tisch und kam mir doch wie ein Dienstmädchen vor. Ich war auch gar nicht neugierig darauf, wer sie war, sondern fand mich sofort mit ihr ab. Knochiges, leeres Gesicht ... Fast zerbrochene Nase, blondes, etwas steifes, reizloses Haar, starkes Kinn ..." (a.a.O., 178).

Felice Bauer ging zunächst nur zögernd auf das Briefverhältnis ein. Von Kafkas Seite hingegen nahm der Briefwechsel bald hektische Formen an – oft zwei Briefe an einem Tag –. Schließlich kam aber auch sie ihm brieflich mehr und mehr entgegen. Daß es ein halbes Jahr dauerte, bis eine erste Zusammenkunft in Berlin (23./24. März 1913) stattfand, lag allerdings an Franz Kafka. Ein durchaus mögliches längeres Zusammensein schon Weihnachten 1912 vermied er unter fadenscheinigen Vorwänden. Die Briefe der ersten Monate sind gekennzeichnet durch ein drängendes Werben. Je offenkundiger Felice Bauer diesem Drängen (brieflich) nachgibt, desto mehr Vorbehalte, Bedenken und Gegenargumente gegen eine Verbindung fließen in Kafkas Werbung ein. Symptomatisch in dieser Richtung ist schon der Brief vom

11.11.1912, in dem Kafka Felice Bauer seine Liebe beteuert und zum erstenmal das Du anbietet („Wie ich Dir angehöre, es gibt wirklich keine andere Möglichkeit, es auszudrücken und die ist zu schwach" a.a.O., 88). Dieser Liebesbrief endet: „Wollte ich mich mit Dein unterschreiben? Nichts wäre falscher. Nein, mein und ewig an mich gebunden, das bin ich und damit muß ich auszukommen suchen. Franz" a.a.O., 89). Als die ersehnte Verlobung in unmittelbare Nähe zu rücken droht, werden Kafkas Briefe immer zwiespältiger: „... Felice, ich liege auf dem Boden vor Dir und bitte, stoße mich fort, alles andere ist unser beider Untergang" (BF, 30.8.1913, 459). Als die offizielle Verlobung am 30. Mai 1914 in Berlin vollzogen wird, ist ihre Auflösung schon abzusehen. Diese findet unter Anwesenheit der Schwester, Erna Bauer, und zweier gemeinsamer Bekannter am 12. Juli in Berlin statt. Kafka skizziert die Szene im Askanischen Hof in Berlin im Tagebuch vom 23.7.1914: „Der Gerichtshof im Hotel ..." (a.a.O., 254). Kafka sieht die Auflösung als notwendig und unvermeidbar an, insofern betrachtet er sich selbst als unschuldig, aber dennoch „teuflisch in aller Unschuld" (a.a.O., 254).

Wenn es irgendeine Grundkonstante in Kafkas Wesen gibt, dann ist es dieser unauflösbare Antagonismus von verzweifeltem Bedürfnis nach Beziehung und unüberwindlicher Beziehungsunfähigkeit, die sich mitunter steigert bis zum „Wunsch nach besinnungsloser Einsamkeit" (T., 1.7.1913, 192) oder der „Angst vor der Verbindung, dem Hinüberfließen. Dann bin ich nie mehr allein" (T., 21.7.1913, 195). Aus diesem Antagonismus resultiert bei Kafka das durchgehende Gefühl des Gespaltenseins. So schreibt Kafka fünf Jahre später, wenige Wochen vor der Auflösung der zweiten Verlobung mit ihr: „Daß zwei in mir kämpfen, weißt Du ... Über den Verlauf des Kampfes bist Du ja durch 5 Jahre durch Wort und Schweigen und durch ihre Mischung unterrichtet worden ..." (BF, 1.10.1917, 755). Der personale Dualismus schlägt sich in Tagebüchern, Briefen und Werken auf mannigfache Art nieder: In den Briefen an Felice aus den Jahren 1915/16 stellt sich Kafka verschiedentlich als ein Doppelwesen (Ich-Er) dar, z.B. in der Postkarte vom 27.5.1915 aus Prag: „Liebe Felice, sieh, er sagt, daß ihm bange ist ... Im übrigen will ich nicht sagen, daß er augenblicklich unglücklich ist ..." (a.a.O., 640). In diesen Fällen übernimmt das „Ich" die Rolle eines Registrators,

„Er" heißt der fühlende und leidende Persönlichkeitsteil. Für die späteren Tagebücher ist die Ich-Er-Aufteilung so charakteristisch, daß Max Brod die Er-Teile gesammelt unter diesem Titel herausgegeben hat. In den Werken findet man den innerpersonalen Dualismus objektiviert zu antagonistischen Figurenpaaren wieder. Schon das erste, nicht erhaltene Romanfragment hat ein Brüderpaar zu Hauptfiguren. Das Motiv taucht wieder auf in der rätselhaften Groteske *Ein Brudermord* (1917). Bezeichnenderweise kämpfen schon in dem frühen Fragment (etwa 1898) die Brüder gegeneinander, worauf der eine nach Amerika fährt, der andere in einem europäischen Gefängnis zurückbleibt (nach K. Wagenbach, 34). In *Ein Brudermord* (ursprünglich nur mit *Ein Mord* betitelt) ermordet der unverheiratete Schmar den verheirateten Wese ohne Motiv, obwohl er ihn zu lieben scheint. (Über weitere Formen der Ich-Spaltung vgl. *Eine kaiserliche Botschaft* und *Auf der Galerie*).

Wenn nun Kafka im Tagebuch von 1913 (s.o.) die Figur des Georg auf sich selbst bezieht, so muß dazu einschränkend gesagt werden: Georg stellt eine Projektion des einen Persönlichkeitspols dar, der dem Leben zugewandt ist, der Verbindung sucht und an der Konfrontation mit der Vaterfigur scheitert, während der Freund den in unerreichbare innere Einsamkeit geflüchteten Junggesellen Kafka meint, der sich so der Konfrontation und Bewährungsprobe entzieht, dafür aber auf menschliche Entwicklung zur Reife verzichtet, wie die Bezeichnung „altes Kind" andeutet. Seine enge innere Verwandtschaft mit Georg wird deutlich, wenn der Vater Georg den, wie die vorhergehende Handlung annehmen läßt, unberechtigten Vorwurf macht, er habe mit dem Reifwerden gezögert – ein Vorwurf, der mit Recht gegen den Freund erhoben werden könnte.

Zu Beginn der Geschichte steht Georg als der erfolgreiche junge Geschäftsmann da – allein darin dem jungen Franz Kafka vordergründig betrachtet durchaus unähnlich, denn der wollte von Geschäften des Vaters nichts wissen. Als ihm der Vater einen Anteil an einer Fabrik kaufte, die dann sein Schwager leitete, war Franz Kafka kaum dazu zu bewegen, auch nur als Stellvertreter des Schwagers einen Blick in die Geschäftsbücher zu tun, ja er empfand dies als unerträgliche Belästigung und reagierte mit Selbstmorddrohungen. Etwa zur Entstehungszeit des *Urteils* gab es diesbezügliche Auseinandersetzungen in der Familie Kafka: „... wie die Mutter mir fast jeden Abend vorwimmert, ich solle doch einmal hie und da zur Beruhigung des Vaters in die Fabrik schauen und wie mir das auch von seiner Seite der Vater mit Blikken und sonst auf Umwegen viel ärger gesagt hat" (BB, 8.10.1912, 107). Kafka sieht durchaus, daß dieses Ansinnen berechtigt ist, denn der Schwager ist auf Geschäftsreise, die Eltern sind mit ihrem eigentlichen Geschäft überlastet, der Vater leidet zudem an einer (wohl nervösen) Herzkrankheit – und schließlich hat der Vater die Fabrik in der Hauptsache mit Blick auf seinen einzigen Sohn Franz übernommen; trotzdem kann er sich zu einem Engagement nicht durchringen (obwohl ihm seine Tätigkeit bei der Arbeiterunfallversicherung sehr viel Freizeit läßt und er von seinem verständnisvollen Chef ohne Schwierigkeiten kurzfristig Sonderurlaub erreichen kann). Da ihn das Geschäft vom Schreiben abhalten würde, verfällt er in Selbstmordvorstellungen, die an den Schluß des *Urteils* erinnern: „Ich bin lange am Fenster gestanden und habe mich gegen die Scheibe gedrückt, und es hätte mir öfters gepaßt, den Mauteinnehmer auf der Brücke durch meinen Sturz aufzuschrecken ..." (a.a.O., 109). Auf die „Zumutungen" der Familie antwortet er mit unbeherrschten Haßausbrüchen: „Ich hasse sie alle der Reihe nach" (a.a.O., 109). Letzten Endes werden die Vorwürfe der Mutter („Hinweis auf die Verbitterung und das Krankwerden des Vaters durch meine Schuld" a.a.O., 108) Schuldgefühle dem Vater gegenüber ausgelöst haben.

Wenn demnach Geschäft und Geschäftstüchtigkeit für Kafka realiter keine Werte darstellen, muß es verwundern, daß innerhalb der Fiktion des *Urteils* dem Geschäft bzw. der Geschäftsübernahme eine so wichtige Bedeutung beigemessen wird (obwohl andererseits der Begriff „Geschäft" im *Urteil* wie in anderen Erzählungen Kafkas ohne konkrete Füllung bleibt). Die Erklärung dafür ergibt sich, wenn man den Gebrauch des Begriffes „Geschäft" in Tagebuch und Briefen zum Vergleich heranzieht: Immer wenn „Geschäft" nicht das konkrete Geschäft seiner Eltern meint, steht es als Metapher für „Leben", so z.B. in einem Brief an Brod: „Auch zu Dir, Max, sind viele (nicht alle) Menschen gut und aufopfernd, aber Du zahlst auch unaufhörlich der Welt dafür, es ist ein regelrechter Geschäftsverkehr (darum kannst Du auch menschliche Dinge ausbalancieren, an die ich kaum rühren darf), ich aber zahle nichts, zumindest nicht den Menschen“ (a. a. O., Sept. 1917, 167).

Georg will sich durch die Heirat mit dem Mädchen aus „wohlhabender Familie“ (*Urteil,* 25) endgültig im „Lebensgeschäft“ etablieren. In diesem Sinne und mit der gleichen Bildlichkeit deutet Kafka im *Brief an den Vater* (1919) rückwirkend auch seinen ersten „Heiratsversuch“: „Bis zu den Heiratsversuchen bin ich aufgewachsen etwa wie ein Geschäftsmann, der zwar mit Sorgen und schlimmen Ahnungen, aber ohne genaue Befürchtung in den Tag hineinlebt... Jetzt kommt der Zwang zur Bilanz, das heißt der Heiratsversuch. Und es ist bei den großen Summen, mit denen hier zu rechnen ist, als ob niemals auch nur der kleinste Gewinn gewesen wäre, alles eine einzige große Schuld. Und jetzt heirate, ohne wahnsinnig zu werden“ (a. a. O., 49).

Die Gleichung „Geschäft“–„Leben“ wird durch einen Vergleich eines Motivs in dem *Urteil* und dem *Brief an den Vater* gestützt: Der Vater des *Urteils* veranschaulicht seinen Triumph über den Sohn mit dem Bild: „... deine Kundschaft habe ich hier in der Tasche“ (gemeint ist die Tasche des Nachthemds, 31). – Im *Brief an den Vater* läßt Kafka den Vater in einer fiktiven Replik zum Sohn sagen, „daß ich all Deine Lebenstüchtigkeit Dir genommen und in meine Tasche gesteckt habe“ (BV, 50). „Kundschaft“ im *Urteil* steht also im gleichen Bild an der gleichen Stelle wie „Lebenstüchtigkeit“ im *Brief an den Vater*!

Nun bleibt hiermit aber noch ungeklärt, warum der Heiratsversuch Georg in Kollision mit dem Vater bringt, denn der Vater des *Urteils* begrüßt einerseits die Heirat als „Freudentag“, wertet aber andererseits die Person der Braut ab, indem er unterstellt, sie habe Georg durch sexuelle Reize gewonnen. Georg habe, „um sich an ihr ohne Störung befriedigen“ zu können, „unserer (!) Mutter Andenken geschändet, den Freund verraten und deinen Vater ins Bett gesteckt“ (30). Dazu muß man wissen, daß Kafka senior gegen die Verlobung seines Sohnes mit Felice Bauer überhaupt nichts einzuwenden hatte. Andererseits sieht aber Franz Kafka im Vater das eigentliche Hindernis für seinen Heiratsversuch, den „großartigste(n) und hoffnungsreichste(n) Rettungsversuch“ (BV, 41). Franz Kafka wirft dem Vater eine unzureichende und verhängnisvolle Sexualerziehung vor; der Vater sprach mit dem Sohn zum erstenmal über Sexuelles, als dieser sechzehn Jahre alt war und gab ihm den Rat, er solle sich im Bordell abreagieren.

„Das, wozu Du mir rietest, war doch das Deiner Meinung nach und gar erst meiner damaligen Meinung nach Schmutzigste, was es gab ... Die Hauptsache war ..., daß Du außerhalb Deines Rates bliebst, ein Ehemann, ein reiner Mann ... Und eben Du stießest mich, als wäre ich dazu bestimmt, mit ein paar offenen Worten in diesen Schmutz hinunter. Bestand die Welt also nur aus mir und Dir, eine Vorstellung, die mir sehr nahelag, dann endete also mit Dir diese Reinheit der Welt, und mit mir begann kraft Deines Rates der Schmutz. An sich war es ja unverständlich, daß Du mich so verurteiltest, nur alte Schuld und tiefste Verachtung Deinerseits konnten mir das erklären."

Unter diesen Voraussetzungen betrachtet der Sohn die Ehe als das „Höchste, was man meiner Meinung nach erreichen kann", als „Bürgschaft für die schärfste Selbstbefreiung und Unabhängigkeit" (a.a.O., 47), aber zugleich als die ausschließliche Domäne des Vaters: „So wie wir aber sind, ist mir das Heiraten dadurch verschlossen, daß es gerade Dein eigenstes Gebiet ist" (a.a.O., 47). Aus dieser „Reinheit-Schmutz"-Dichotomie ist zu verstehen, daß der Vater des *Urteils* dem Sohn nur schmutzige Absichten zuschreibt und ihn damit indirekt als eheunwürdig verdammt – womit er ihn nach Kafkas Vorstellung zugleich als lebensunwürdig verurteilt.

Der vom Vater zusätzlich ins Feld geführte Verrat an dem Freund erklärt sich unter der Voraussetzung, daß der Freund das andere Ich Georgs bildet, den Junggesellen des Tagebuchs, den Asketen, der mit Ekel „die geplatzte Sexualität der Frauen" (T., 23.7.1913) ablehnt.

Sohn und Vater

Nachdem geklärt ist, warum Georgs „Heiratsversuch" zur Konfrontation mit dem Vater führen muß, kann nun der eigentliche Prozeß dieser Konfrontation tiefenpsychologisch interpretiert werden. Den Schauplatz der Auseinandersetzung bildet ein Innenraum von durchsichtiger symbolischer Bedeutung (vgl. o. „Sprache der Dinge"). Daß Georg den Brief an den Freund erst nach der Mitteilung an den Vater absenden will und zu diesem Zweck die lange unterbrochene Kommunikation mit dem Vater wieder aufnimmt, läßt sich von der Oberflächenstruktur der Situation her kaum motivieren. Tiefenpsychologisch gesehen bedeutet es, daß die innerpsychische Reintegration, die der Brief Georgs an den „entfremdeten" Teil seines Selbst intendiert, die Auseinandersetzung mit dem väterlichen Über-Ich zur Voraussetzung hat. Wie Kafka selbst es in dem späteren *Brief an den Vater* (der nie abgeschickt wurde) erklärt, hat der Heiratsversuch in bezug auf den Vater (– genauer: in bezug auf das Bild des Vaters, das sich Kafka gemacht hat –) eine ambivalente Bedeutung:

> „engste Beziehung zu Dir ... Ebenbürtigkeit, die dann zwischen uns entstehen würde und die Du verstehen könntest wie kein anderer, eben deshalb so schön, weil ich dann ein freier, dankbarer, schuldloser, aufrechter Sohn sein, Du ein unbedrückter, untyrannischer, mitfühlender, zufriedener Vater sein könntest ..." (a. a. O., 47).

Auf der anderen Seite wäre diese „schärfste Selbstbefreiung" aber Revolution gegen die Vaterfigur:

> „So wie wir aber sind, ist mir das Heiraten dadurch verschlossen, daß es gerade Dein eigenstes Gebiet ist. Manchmal stelle ich mir die Erdkarte ausgespannt und Dich quer über sie hin ausgestreckt vor. Und es ist mir dann, als kämen für mein Leben nur die Gegenden in Betracht, die Du entweder nicht bedeckst oder die nicht in Deiner Reichweite liegen. Und das sind entsprechend der Vorstellung, die ich von Deiner Größe habe, nicht viele und nicht sehr trostreiche Gegenden und besonders die Ehe ist nicht darunter" (a. a. O., 47).

Die „unwegsamen Höhen, ... in den Karten noch nicht eingezeichnet" (*Die Brücke*), das Dorf am Rande des „tibetanischen Hochlandes" (*Beim Bau der Chinesischen Mauer*), die „Regionen der Eisgebirge" (*Kübelreiter*), aber auch „Amerika" und „Petersburg" – diese und ähnliche Orte markieren die Topographie des Exils im *Urteil* und in den späteren Werken Kafkas.

Entsprechend der Selbstinterpretation des *Briefes an den Vater* hat auch die „Umbettung" des Vaters ambivalente Bedeutung – „Ruhe" (28) und „Pflege" (29) einerseits und Entthronung (s. o.) des Vaters bzw. Machtergreifung des Sohnes andererseits. Der Alte erscheint zwar krank und hinfällig, ja die „alte Zeitung, mit einem Georg schon ganz unbekannten Namen" (31) rückt ihn in eine Tiefe der Vergangenheit, die Georg schon gar nicht mehr zugänglich ist. Aber gerade in der inneren Verfügung über Zeit wird die Überlegenheit des Vaters offenbar: Er liest die alte Zeitung, er kennt, so darf man annehmen, ihren Namen, „seit Jahren" paßt er schon auf (31), Georg hingegen kann Gedanken „nur einen Augenblick" lang festhalten: „Immerfort vergaß er alles" (31). So verstanden wird „Zeit" zum Synonym von „Existenz". Das zeigt sich vor allem in der Symbolik der Uhrkette (29): Die Uhr als Existenzsymbol findet sich bei Kafka in verschiedenen Varianten (vgl. dazu Politzer, 18–21). Vor allem im Motiv der Verspätung drückt sich immer wieder symbolisch das Gefühl der schuldlosen Existenzschuld aus (so am Anfang von *Verwandlung* und *Prozeß*). Im Falle des *Urteils* spielt der scheinbar entmachtete Vater nicht nur mit der Uhrkette, sondern mit Georgs Leben. Wenn der Vater sich an der Uhrkette so festhält, daß Georg ihn zunächst nicht ins Bett legen kann, deutet sich darin symbolisch Georgs „Verkettung" mit dem Vater an.[4]

Während sich für Kafka mit dem Bild des liegenden Vaters der Gedanke an mögliche Versöhnung verbindet, symbolisiert dessen „Auferstehung" die Tyrannis des alten Vaterbildes: „... dem Vater, der auf dem Boden liegt, kann ich mich fügen (täte es ja auch gern dem Aufrechtstehenden gegenüber, darf es aber nicht) ..." (BB, November 1917, 192). Allerdings ist zu fragen, ob das „Liegen" bzw. das „Zugedecktsein" nicht auch den Tod des Vaters mitmeint, wie dies der Wunsch Georgs „wenn er fiele und zerschmetterte!" vermuten lassen könnte (31).

Die nun folgende Szene enthält nicht nur den äußeren Höhepunkt, sondern auch den thematischen Kern der Erzählung: Urteil und Vollstreckung. Bevor über die Paradoxie der Urteilsbegründung gesprochen wird, noch eine letzte Bemerkung zur Identität der Personen: Keine der vorkommenden Figuren ist deckungsgleich mit realen Personen – nicht einmal die verstorbene Mutter Georgs: Kafkas Mutter hat ihren Sohn überlebt, „abgestorben" ist aber ihre psychische Repräsentanz. Wie Kafka im *Brief an den Vater* darlegt, war die Mutter für ihn frühzeitig als eigenständige Person hinter der Figur des Vaters verschwunden (a.a.O., 25/26). Der Vater des *Urteils* und Georg sind bei aller Gegensätzlichkeit einig in der Verurteilung Georgs. Georg protestiert nicht gegen das Urteil, sondern vollstreckt es auf der Stelle, weil es sein eigenes Urteil über sich ist. Die geheime Übereinstimmung von Richter und Verurteiltem deutet sich in etwa auch durch das im Urteilsspruch enthaltene intransitive Verb „ertrinken“ an, das keinen bewußt vollziehbaren Akt meint, sondern ein schicksalhaftes Geschehen. Außerdem ist der Tod Georgs offenbar auch der Tod des Vaters. Wenn es noch eines Beweises bedurfte, daß Georg und der Freund in dem oben beschriebenen „besonderen Korrespondenzverhältnis“ stehen, würde es diese Szene zeigen: In dem Moment, wo Georg sich selbst vom „Schreckbild“ des Vaters in seiner Existenz bedroht sieht, sieht er ebenfalls den Freund unmittelbar vor dem Zusammenbruch und sein „Geschäft“ zerstört (30), ohne daß es eine realistische Erklärung für diese Parallele gäbe. Schließlich spricht der Vater von dem Freund zwar im Irrealis, aber so, als ob er wie Georg als *Sohn* in Betracht käme: „Er wäre ein Sohn nach meinem Herzen ... Glaubst du, ich habe nicht um ihn geweint?“ (29). Vater, Sohn und Freund sind symbolische Projektionen der divergierenden psychischen Tendenzen und Instanzen einer einzigen realen Person. Ebendies dürfte Kafka ahnen, wenn er an Felice schreibt: „Die Geschichte steckt voll Abstraktionen, ohne daß sie zugestanden werden“ (BF, 10.6.1913, 396). Man könnte das noch akzentuierter sagen: Die Figuren der Erzählung sind psychische Konfigurationen Kafkas.

Daher verwundert es nicht, daß die paradoxe Beurteilung Georgs durch den *Vater* – „Ein unschuldiges Kind warst du ja eigentlich, aber noch eigentlicher warst du ein teuflischer Mensch“ (32) – als *Selbstbeurteilung* Kafkas im Tagebuch fast wörtlich wiederkehrt: „Teuflisch in aller Unschuld“ (T., 5.7.1914, anläßlich der Auflösung der Verlobung mit Felice, a.a.O., 254). Die Schuld besteht, wie aus zahllosen Tagebuch- und Briefstellen (z.B. BB, 5.7.1922, 382ff.) hervorgeht, nach Kafkas Auffassung in der Nichtexistenz, der menschlichen Unreife, dem „Zögern vor der Geburt“ (T., 24.1.1922, 350), der „Beziehungslosigkeit zum Leben“ (T., 30.1.1922, 354). Diese Schuld bezieht sich also auf die Beziehungslosigkeit gegenüber der gesamten Menschenwelt, insbesondere aber auf sein Verhältnis zu Felice Bauer, weil Kafka im Grunde von vornherein weiß, daß er bindungsunfähig ist. „Teuflisch“ nennt Kafka in diesem Zusammenhang vor allem das, was den Inhalt seiner „Nichtexistenz“ ausmacht, das Schreiben: „Ich habe kein literarisches Interesse, sondern bestehe aus Literatur, ich bin nichts anderes und kann nichts anderes sein“, diagnostiziert Kafka in dem Brief an Felice vom 14.8.1913 (a.a.O., 444).

Das Schreiben bedeute „Illuminierung des Leichnams"... „Teufelsdienst", urteilt Kafka später (BB, 5.7.1922, 384/385).

Schon der Junggeselle im Sinne des Tagebuchs von 1909 hat ein „selbstmörderisches Wesen" (a.a.O., 15). Seine Selbstverurteilung ist so vollkommen wie die Georgs:

„Aber gerade ich spüre meinen Grund viel zu oft und stark, als daß ich auch nur halbwegs zufrieden sein könnte. Und diesen Grund brauche ich nur eine Viertelstunde ununterbrochen zu spüren und die giftige Welt wird mir in den Mund fließen wie das Wasser in den Ertrinkenden ..." (a..a.O., 15).

Wie Georg hat der Junggeselle keine Verfügung über die Zeit: „Der Junggeselle hat nur den Augenblick. Zu jener Zeit, die heute niemand kennen kann, ... hat er es verfehlt, als er seinen Grund spürte, so wie man plötzlich an seinem Leib ein Geschwür bemerkt ..." (a.a.O., 16). Hier wird auch schon das Motiv der *Verwandlung* angeschlagen: Der Junggeselle fühlt sich „nicht besser als ein Ungeziefer" (a.a.O., 14).

So nichtig und a priori schuldig Georg (wie jede andere Identifikationsfigur Kafkas) sich fühlt, es ist keine Schuld aufgrund eines freien Entscheidungsaktes, sondern bedingt durch den „Fluch des Vaters" (BB, September 1917, 164) die „vollständige Verurteilung" (BV, 21) seit frühester Kindheit. Nach Kafkas Auffassung verhinderte die Vorab-Verurteilung zum „Schmutz" alle spätere Entwicklung zur „Reife", in der Verfehlung der „Reife" wiederum wird die Schuld gesehen. Das *Urteil*, so scheint es, steht nicht von ungefähr vor dem *Prozeß*!

Fassen wir zusammen: Georg verkörpert Kafkas Wunsch-Ich zur Entstehungszeit des *Urteils*: Er steht im Leben und ist im Begriff, die letzte „Reifeprüfung" des Lebens abzulegen: eine Ehe einzugehen. Auch als der angeblich „ausgezeichnete Turner, der er zum Stolz seiner Eltern gewesen war" (32), entspricht er Kafkas Wunsch-Ich: Der kränkliche Kafka versuchte sich mit geringem Erfolg im Rudern, Reiten und Schwimmen.

Der Freund ist – symbolisch betrachtet – das „Alter ego", jener Junggeselle, der auf die Dauer als einziges „ego" Kafkas „überlebt", wenn man diese Existenzform gegen Kafkas Sprachgebrauch als „Leben" bezeichnen will. Kafka selbst war sich über die Bedeutung des Freundes nicht klar und versucht verschiedene

Interpretationen. Nur eins wiederholt er mehrmals: „Der Freund ist kaum eine wirkliche Person" (BF, 10.6.1913, 396).

Die Kommunikation zwischen Georg und dem Freund muß als Versuch der personalen Integration aufgefaßt werden. In dem existentiell wichtigsten Punkt – dem „Heiratsversuch" – führt diese Integration offenbar zwangsläufig zur Konsultation der Vater-Instanz (des „Über-Ichs" im Sinne der Psychoanalyse).

Der Vater verlangt einerseits von dem Sohn „Reife" und wirft ihm die „Verspätung" als existentielle Verfehlung vor, andererseits stellt er sich gegen das Bemühen des Sohnes um Selbständigkeit und Reifwerden, weil dadurch der Sohn zum Konkurrenten des Vaters im Lebens-„Geschäft" wird. Nur in diesem Sinne ist zu verstehen, daß der „zum Wegwerfen gelbe" und keinesfalls lebensreife Freund vom Vater als „Sohn nach meinem Herzen" bezeichnet wird. Das Verdienst des Freundes ist seine Ferne zum Vater. Er wird ihm nie als Rivale gefährlich werden können.

Genetisch läßt sich diese Beziehung zurückführen auf Kafkas reale Beziehung zum Vater, vorausgesetzt, daß der *Brief an den Vater* (1919) sie zutreffend darstellt. Sie ist gekennzeichnet durch „paradoxe Kommunikation", ein Phänomen, das Watzlawick erst ein halbes Jahrhundert später wissenschaftlich beschrieben hat. Möglicherweise bilden diese frühkindlichen Erfahrungen die individualpsychologische Basis für die durchgehende Paradoxie in Kafkas Weltbild und Werk, allerdings nur als ein Bedingungsfaktor unter anderen. Diesem Fragenkomplex kann im Rahmen unserer Untersuchung jedoch nicht weiter nachgegangen werden.

2.1.5 Die Bedeutung des Schlußbildes

Zu untersuchen bleibt noch die Symbolik des Schlußbildes. Im Kontext des Gesamtwerks (vgl. *Die Brücke*) lassen sich „Brücke" und „Verkehr" als Hinweise auf „Verbindung zwischen Menschen" (in welcher Form auch immer) entschlüsseln. Kafka selbst soll im Gespräch mit Brod auf die sexuelle Bedeutung von „Verkehr" hingewiesen haben (zit. nach H. Politzer, a.a.O., 101/102). Damit wäre aber die allgemeine Bedeutung von „Kommunikation" nicht ausgeschlossen. Jedenfalls wird der bewußte Kontrast zwischen der Super-Kommunikation („ein geradezu unendlicher Verkehr", 32) und dem selbstverhängten endgültigen Ausschluß von jedem menschlichen Verkehr hervorgehoben. Den Sturz in den Fluß könnte man mit der bei Kafka häufigen Symbolik des Meeres als des anonymen, allumfassenden, aber unverständlichen Lebensgrundes in Verbindung bringen. Kafka berichtet z.B. vier Monate nach der Entstehung des *Urteils* in einem Brief an Felice von einem leicht durchschaubaren Symboltraum: Von einer Brücke aus, auf der zwei „Telephonhörmuscheln" liegen, telefoniert er mit dem „Pontus" (altgriechisch: „Meer"), d.h. er verlangt „immerfort nichts anderes, als Nachrichten vom ‚Pontus' zu hören ...". Aber er hört nichts „als einen traurigen, mächtigen, wortlosen Gesang und das Rauschen des Meeres. Ich begriff wohl, daß es für Menschenstimmen nicht möglich war, sich durch diese Töne zu drängen" (a.a.O., 22.1.1913, 264). Demnach wäre das Ertrinken als ein Zurückfallen in diesen anonymen und unverständlichen Lebens-Urgrund aufzufassen.

Es sei noch darauf hingewiesen, daß Kafka in einem Traum (vom 11.9.1912 – also 11 Tage vor der Entstehung des *Urteils*) das Motiv des Meeres mit dem Motiv des „Verkehrs" assoziiert, und dies mit auffallend positivem Gefühlsakzent:

> „Ich befand mich auf einer aus Quadern weit ins Meer hineingebauten Landzunge. Irgendjemand oder mehrere Leute waren mit mir, aber das Bewußtsein meiner selbst war so stark, daß ich von ihnen kaum mehr wußte, als daß ich zu ihnen sprach ... Ich wußte zuerst nicht eigentlich, wo ich war, erst als ich mich einmal zufällig erhob, sah ich links vor mir und rechts hinter mir das weite, klar umschriebene Meer, mit vielen, reihenweise aufgestellten, fest verankerten Kriegsschiffen. Rechts sah man New York ... Nun bemerkte ich auch, daß das Wasser neben uns hohe Wellen schlug und ein ungeheuer fremdländischer Verkehr sich auf ihm abwickelte. In Erinnerung ist mir nur, daß statt unserer Flöße lange Stämme zu einem riesigen runden Bündel zusammengeschnürt waren, das in der Fahrt immer wieder mit der Schnittfläche je nach der Höhe der Wellen mehr oder weniger auftauchte und dabei auch noch der Länge nach sich in dem Wasser wälzte. Ich setzte mich, zog die Füße an mich, zuckte vor Vergnügen, grub mich vor Behagen förmlich in den Boden ein und sagte: Das ist ja noch interessanter als der Verkehr auf dem Pariser Boulevard" (T., s.o., 180).

Es handelt sich hier um eine der ganz seltenen positiv getönten Traumaufzeichnungen Kafkas. Möglicherweise haben die Baumstämme eine sexuelle, genauer gesagt: phallische Bedeutungskomponente (Betonung von „Verkehr“ im Zusammenhang mit der rhythmischen Bewegung der phallischen Stämme im Wasser sowie dem Wollustgefühl des Ich). Auf dieser Ebene könnte also eine Beziehung zu dem *Urteil* bestehen, insbesondere zu der Abschlußszene, bei der Kafka ja nach eigener Bekundung (s. o. Politzer) an eine Ejakulation gedacht hat. Aber mit dieser simplen Deutung sind weder das *Urteil* noch der Traum vom 11.9. voll erklärt. Vor allem die Gegensätze in der Einstellung zu „Verkehr“ und „Wasser“ müssen interpretiert werden: Während Georg von dem allgemeinen Verkehr ausgeschlossen ist und im Wasser untergeht, fühlt sich das Traum-Ich in euphorischer Übereinstimmung. Während sich Georg nach dem väterlichen Urteil als schuldig und nichtig empfindet, ist das Ich des Traums durch ein (für Kafkasche Verhältnisse) geradezu hypertrophes Selbstbewußtsein geschwellt. Es wirkt lebenszugewandt, „frei“ und von dem „Fremdländischen“ des Meeres, des Pariser Boulevards und der Stadt New York fasziniert. In etwa befindet sich der erfolgreiche junge Kaufmann am Anfang des *Urteils* in vergleichbarer Stimmung und vergleichbarer Situation – obwohl alles kleiner dimensioniert ist: Der Fluß ist kein Meer. Georg ist nicht „frei der Luft von allen Seiten ausgesetzt“, sondern im väterlichen Haus geborgen und gefangen. Insgesamt gesehen mag dieser Traum vom 11.9. aus jener sehr bald verfliegenden Hochstimmung heraus entstanden sein, die eine gute Woche später jenen ersten Brief an Felice Bauer hervorbrachte.

2.2
„Die Verwandlung“

Neben *Urteil* und *Heizer* (später unter *Amerika* bekanntgeworden) ist *Die Verwandlung* die dritte größere Arbeit der Jahre 1912/1913. Sie entstand zwischen dem 17.11.1912 und dem 6.1.1913. Sie weist in Erzählstruktur und Sprache eine Reihe gemeinsamer Merkmale mit dem *Urteil* (und mit den Romanen und umfangreicheren Erzählungen) auf. Aus Umfangsgründen verzichten wir daher auf eine generelle Charakterisierung der (zuerst von Beißner beschriebenen) „einsinnigen“ Erzählweise und der Sprache, da diese Punkte in der Analyse des *Urteils* mit einiger Ausführlichkeit behandelt worden sind und die Ergebnisse sich in etwa transferieren lassen. Nur wo im Hinblick auf die Gesamtinterpretation besondere sprachliche und perspektivische Auffälligkeiten relevant werden, wird darauf eingegangen. Das Schwergewicht soll auf der Dechiffrierung der symbolgeladenen Motivkomplexe liegen.

2.2.1 Das Verwandlungsmotiv

Das aus dem Volksmärchen und der antiken Metamorphosendichtung her bekannte Motiv ist auch in der Dichtung der Neuzeit in verschiedenen Epochen spontan wiederaufgelebt (z. B. in der deutschen Romantik). In der Moderne hat Kafka es mit besonders nachhaltiger Wirkung verwendet. Neben der *Verwandlung* sei insbesondere der *Bericht für eine Akademie* (1917) erwähnt, der das ironische Gegenstück zur *Verwandlung* – nämlich die Verwandlung eines Tieres in einen Menschen – bildet. Darüber hinaus bilden Tiergestalten wie Hunde, Mäuse, Schakale, Dohlen u. ä. einen wesentlichen Teil des Figurenbestandes bei Kafka überhaupt. Die genannten Tierarten fungieren – im Gegensatz etwa zu den ebenfalls ungemein häufigen Pferdemotiven – meist als leicht durchschaubare anthropomorphe Identifikationsfiguren. So enthält schon der Name der singenden Maus Josefine (in *Josefine die Sängerin oder das Volk der Mäuse*, 1924) den Hinweis auf Josef K., die Identifikationsfigur in den Romanen, die wiederum Kafka nachweislich (T., 27. 1. 1922, 352) auf sich selbst bezogen hat.

Aber nicht nur im Bereich der Fiktion verwendet Kafka Tierfiguren als Allegorie, Symbol und Vergleich, sondern häufig auch in Tagebuch und Brief – als bildlichen Ausdruck der Selbstverachtung (als Folge der internalisierten Ablehnung durch den Vater, „die letzte Instanz"). „Tier", „Ungeziefer", „Hund" und „Dohle" kommen am öftesten vor. In einem Brief an Felice spricht Kafka – wohl unter ähnlichem Aspekt wie im *Bericht für eine Akademie* – von seiner Hand als der eines Affen („Denkst Du noch an meine lange, knochige Hand mit den Fingern eines Kindes und eines Affen?" (BF, 3. 7. 1913, 418)).

Auch das Ungeziefer der *Verwandlung* hat diesen Ich-Bezug. Angesichts der Novelle von Oskar Baum *Das Ungetüm* (1923) schreibt Kafka:

> „Lieber Oskar, ich habe es noch am gleichen Abend mit Schrecken durchgelesen, mit Schrecken unter dem stählernen Tierblick und wie sie auf dem Sofa näher heranrutscht. Solche Dinge liegen uns allen wahrscheinlich nahe, aber wer kann das so? Ich habe es vor Jahren ohnmächtig auch versucht, aber statt mich zum Schreibtisch vorzutasten, habe ich mich lieber unter das Sofa verkrochen, wo ich noch immer zu finden bin" (BB, Sommer 1923, 434).

(Die Topographie der Fluchtorte muß also um den Platz unter dem Sofa erweitert werden.)

Die Vorstellung vom Ich als Käfer geht wahrscheinlich zurück auf einen kindlichen Regressionstraum, den Kafka in den *Hochzeitsvorbereitungen* (1907) mitteilt – allerdings nicht ausdrücklich als autobiographisches Material, sondern als Tagtraum des „Raban", einer Figur, die sowohl von ihrem Wesen wie von der Namensgebung her (Zweisilbigkeit bei Vokalgleichheit wie in „Samsa", „Rense", „Kette", „Bende-", zudem Anspielung auf „Rabe, Dohle", was auf tschechisch „kavka" heißt) als Identifikationsfigur erkennbar ist:

> „Und überdies kann ich es nicht machen, wie ich es immer als Kind bei gefährlichen Geschäften (!) machte? Ich brauche nicht einmal selbst aufs Land fahren, das ist nicht nötig, ich schicke meinen angekleideten Körper ... ich liege inzwischen in meinem Bett, glatt zugedeckt mit gelbbrauner Decke, ausgesetzt der Luft, die durch das wenig geöffnete Zimmer weht ... Ich habe, wie ich im Bett liege, die Gestalt eines großen Käfers, eines Hirschkäfers oder Maikäfers, glaube ich ... Eines Käfers große Gestalt, ja. Ich stellte es dann so an, als handle es sich um einen Winterschlaf, und ich preßte meine Beinchen an meinen gebauchten Leib" (Erzählungen, 235/236).

Die Gemeinsamkeit auch in der Sinngebung liegt auf der Hand. Das Kind flüchtet vor den „gefährlichen Geschäften", die nichts anderes als das Leben in der Realität bedeuten, in einen narzistischen quasi embryonalen Traumzustand. Raban möchte auf diese Weise den Schwierigkeiten der ersten kleinen Ferienreise entgehen – die bezeichnenderweise (235) mit dem Schrecken darüber begonnen haben, daß Rabans Uhr nicht geht (vgl. dazu das Uhrmotiv im *Urteil*). Später stellt sich heraus, daß das Ziel der Reise – der Besuch der Braut (238) – wohl der wesentliche Grund für Rabans Bedenklichkeiten ist. Das Zeitmotiv (Verspätung usw.) spielt im weiteren Verlauf der *Hochzeitsvorbereitungen* eine hervorstechende Rolle, auf die hier nicht näher eingegangen werden kann.

Gregor erwacht – ebenfalls verspätet. Es läßt sich zwar logisch betrachtet nicht einsehen, was die Verspätung mit der Verwandlung zu tun haben soll. Dennoch wird die Verspätung im Geschäft ganz überproportional wichtig genommen – schon zu einem Zeitpunkt, als sie eigentlich noch kaum wahrgenommen werden konnte. Nicht anders wird im *Prozeß* Josef K.s verspätetes Aufstehen von Josef K. selbst in einen (irrationalen) Zusammenhang mit seiner Verhaftung gebracht: „Wäre ich gleich nach dem Erwachen, ohne mich durch das Ausbleiben der Anna beirren zu lassen, aufgestanden ... kurz, hätte ich vernünftig gehandelt, so wäre nichts weiter geschehen, es wäre alles, was werden wollte, erstickt worden. Man ist aber so wenig vorbereitet ..." (*Prozeß*, 20). Wenn wir uns an den Hauptvorwurf des Vaters gegen Georg erinnern, der sich auf die verspätete menschliche Reife bezieht, so gewinnt die Vermutung an Wahrscheinlichkeit, daß die Verspätung in jedem Fall als existentielle Verspätung deutbar ist, die wiederum mit der rätselhaften apriorischen Existenzschuld fast aller „Helden" in Kafkas umfangreicheren Erzählungen und in den beiden großen Romanen zusammenhängt.

Berücksichtigt man für den Fall der *Verwandlung*, daß das „Geschäft" bei Kafka nie konkret ein wirtschaftliches Unternehmen, sondern das Leben in der Realität schlechthin meint (wie ja auch die „Geschäfte" des Kindes in den Hochzeitsvorbereitungen), so stellt sich die existentielle Alternative dar als ein Entweder-Oder von Leben draußen (als „Reisender") oder Rückzug ins Innere (als „Ungeziefer"). Allerdings erfolgt der Rückzug nicht aufgrund eines freien Entschlusses, sondern als Zwangsmaßnahme einer anonymen Instanz, über die – erstaunlicherweise – weder von Gregor noch von der Familie reflektiert wird. Zwar wird im Rahmen dieser Erzählung der Vater für die Verurteilung Gregors zur Ungezieferexistenz nicht direkt verantwortlich gemacht, aber immerhin verschärft er die Strafe durch die Wunde, die er Gregor beibringt. Er ist es auch, der Gregors Ausbruchsversuch zunichte macht und ihn mit dem Stock ins Zimmer zurückdrängt. Gewiß hängt auch das Ungeziefer-Motiv mit traumatischen Erlebnissen Kafkas in Kindheit und Jugend zusammen: „Unschuldige, kindliche Menschen, wie zum Beispiel der jiddische Schauspieler Löwy mußten das büßen. Ohne ihn zu kennen, verglichst Du ihn in einer schrecklichen Weise, die ich schon vergessen habe, mit Ungeziefer, und wie so oft für Leute, die mir lieb waren, hattest Du automatisch das Sprichwort von den Hunden und Flöhen bei der Hand ... So spricht mein Vater über meinen Freund (den er gar nicht kennt), nur weil er mein Freund ist" (BV, 19). – Auch in anderen Zusammenhängen gibt Kafka dem Vater die Schuld an der „Ausweisung": „Weil ‚er' mich in der Welt, in seiner Welt, nicht leben ließ" (T., 28.1.1922, 352).

Gerade auf dem Hintergrund solcher Äußerungen verwundert es, daß der Vater in der *Verwandlung* nicht als oberste Instanz identifiziert wird, wie noch im *Urteil.* Möglicherweise liegt dem die Vorstellung zugrunde, die auch an anderen Stellen auftaucht, daß letztlich weder dem Sohn noch dem Vater die Schuld zugeschrieben werden kann, sondern daß alles Unheil aus einer verhängnisvollen Konstellation der verschiedenartigen Charaktere herrühre: „... ich glaubte, Du seiest gänzlich schuldlos an unserer Entfremdung. Aber ebenso gänzlich schuldlos bin auch ich." (BV, 14). Da es Kafka fernliegt, Kausalitäten für dieses Verhängnis haftbar zu machen (etwa die gesellschaftlichen bzw. sozialpsychologischen Rahmenbedingungen der ans Pathologische grenzenden intrafamiliären Beziehungen im Hause Kafka) bleibt er lebenslänglich auf der Suche nach der objektiven obersten Instanz. Subjektiv bildet nichtsdestotrotz die Figur des Vaters die höchste erkennbare und benennbare Instanz.

2.2.2 Gregors Vorgeschichte

Wie Georg im *Urteil* ist Gregor in der *Verwandlung* ein zunächst erfolgreicher Geschäftsmann, auch seine Entwicklung verläuft umgekehrt proportional zu der des Vaters. Die Namensähnlichkeit der beiden ist sicher kein Zufall. Vor fünf Jahren (71) ist das Geschäft des Vaters zusammengebrochen. Seitdem sitzt dieser als ein gebrechlicher Alter „im Schlafrock im Lehnstuhl" (83) – eine Situation, die aus dem *Urteil* bekannt ist. Seit fünf Jahren hat Gregor als Reisender die Rolle des Ernährers der Familie übernommen. Vor fünf Jahren hat die Familie die schöne neue Wohnung bezogen, die sie Gregor verdankt (71). Diese Daten haben biographische Hintergründe. Fünf Jahre vor der Entstehung der

Verwandlung ist die Familie Kafka in die neue größere Wohnung (Niklasstraße 31, Nähe Niklasbrücke, der Brücke des *Urteils*) umgezogen. Im gleichen Jahr (1907) ist der 1906 zum Dr. jur. promovierte Kafka berufstätig geworden, allerdings nicht als Reisender, sondern als Angestellter der „Assicurazioni Generali", von wo er 1908 zu einer anderen Versicherungsgesellschaft, der Arbeiter-Unfall-Versicherungs-Anstalt überwechselte, die angenehmere Arbeitsbedingungen (Dienst täglich außer Sonntag von 8–14 Uhr) bot und in der er einen sehr verständnisvollen, literarisch ambitionierten Vorgesetzten fand. Hüten muß man sich jedoch vor der allzu einfachen Vorstellung, daß der geschäftliche Erfolg Gregors lediglich der Reflex auf das finanzielle Selbständigwerden Franz Kafkas sei. Damit wäre die merkwürdige Wechselbeziehung zwischen Vater und Sohn hinsichtlich des gesundheitlichen und finanziellen Vermögens nicht erklärt. Folgende Fragen sind hier zu stellen: Warum bricht der Vater finanziell und gesundheitlich zusammen zu dem Zeitpunkt, da der Sohn selbständig wird? Warum stellt sich heraus, daß der Vater doch noch Vermögen besitzt und gesundheitlich plötzlich wieder ganz auf der Höhe ist, sobald der Sohn seine Geschäftsfähigkeit und Gesundheit einbüßt? – Offenbar geht es wie bei Georg um die scheinbare, aber nur vorläufige Überwindung des Vaterbildes und dessen Wiederauferstehung. Wenn der Vater schließlich sogar wieder ins Geschäftsleben eintritt, zeigt dies die Wiederbelebung des Vaterbildes an. Umgekehrt bedeutet Gregors Entwicklung den schrittweisen (unfreiwilligen) Rückzug aus allen menschlichen Lebensbereichen, nicht nur aus dem Geschäft. In der Sekundärliteratur findet sich nicht selten die Auffassung, der *Verwandlung* liege eine gesellschaftskritische Intention des Autors zugrunde. Kafka habe die Unmenschlichkeit, Anonymität, die Entfremdung und deformierende Wirkung des kapitalistischen Gesellschaftssystems zeigen wollen. In diesem Sinne werden die Klagen Gregors über das Los des Reisenden und seine Entmenschlichung interpretiert. Dagegen ist einzuwenden, daß Kafka weder in seinen Tagebüchern (die mit seinem Werk in engster Verbindung stehen) noch in den zahllosen Briefen an verschiedene Adressaten nennenswerte soziale, geschweige denn gesellschaftskritische Anwandlungen zeigt. Der als Beleg für sozialkritische Perspektive oft angeführte Textbeleg

„... In meinen vier Bezirkshauptmannschaften fallen – von meinen übrigen Arbeiten abgesehen – wie betrunken die Leute von den Gerüsten herunter, in die Maschinen hinein ...“

hat folgenden Kontext: Kafka entschuldigt sich, er könne einer Einladung zu Oskar Baum nicht folgen, weil er momentan zu viel Arbeit habe. Dann folgt jener zitierte Text, der weitergeht:

„alle Balken kippen um, alle Böschungen lockern sich, alle Leitern rutschen aus, was man hinaufgibt, das stürzt hinunter, was man heruntergibt, darüber stürzt man selbst. Und man bekommt Kopfschmerzen von diesen jungen Mädchen in den Porzellanfabriken, die unaufhörlich mit Türmen von Geschirr sich auf die Treppe werfen. Montag habe ich vielleicht das Ärgste hinter mir. Schon vergesse ich fast: Komm, wenn Du kannst, morgen gegen acht ... Aus dem Gelage machen wir, wenn Du einverstanden bist, einen Wanderpreis und halten es nächstens nach dem Abschluß Deines Romans ab. Und jetzt in die Akten. Dein Franz.“ (BB, Sommer 1909, geschrieben im Büro der Versicherungsanstalt, a.a.O., 73).

Der Text des Briefes spricht für sich, und es erübrigt sich zu erklären, welchen Stellenwert die Kopfschmerzen oder das Festessen im Vergleich zum sozialen Aspekt haben. Man muß die Beziehungslosigkeit, die innere Kälte, die Kafka selbst immer wieder an sich beklagt und die das gesamte Werk als Thema durchzieht, als seine Lebenswirklichkeit betrachten. Nur so ist beispielsweise zu verstehen, daß der Erste Weltkrieg Kafka völlig unberührt gelassen hat. In Tagebüchern und Briefen kommt er nur an ganz wenigen Stellen auf den Krieg zu sprechen, etwa wenn er überlegt, ob es günstig wäre, eine Kriegsanleihe zu zeichnen, oder wenn er die patriotischen Kundgebungen, insbesondere jüdischer Mitbürger, zu Kriegsbeginn widerlich findet. Aber nirgends findet sich eine Äußerung, die mitmenschliches Interesse, geschweige denn Betroffenheit verriete.

Als symptomatisch für eine ganze Reihe von gesellschaftskritischen Deutungsversuchen zu Kafka kann die Arbeit von Gert Sautermeister: Die sozialkritische und sozialpsychologische Dimension in Franz Kafkas „Verwandlung“ (a.a.O., 99ff.) gelten. Sautermeister geht von der nicht näher begründeten Prämisse aus, daß der Fall Gregor Samsa unter bestimmten gesellschaftlichen Verhältnissen „familienspezifisch“ sei, „also ein Problem nicht nur Gregor Samsas, sondern jedes einzelnen" (100, Anm.2). Die Lektüre soll dazu dienen, die Leser „formulieren zu lassen, was sie an familienspezifischen Erfahrungen mit sich herumschleppen ..." (100). *Die Verwandlung* drückt nach Sautermeister den Protest gegen die entfremdete Reisenden-Existenz und damit gegen das kapitalistische System aus. Die Familie als Institution wird als „Bauelement dieser gesellschaftlichen Ordnung aufgefaßt, dessen sie zu ihrer Aufrechterhaltung bedarf" (103). Mit stark wertendem Akzent wird hervorgehoben: ‚geschäftliche(s) Unglück' im Sinne einer Familienkatastrophe kann aber nur den auf sich selbst gestellten Privateigentümer treffen, der das Opfer des freien, d.h. planlosen und unberechenbaren Marktes geworden ist ... Die Erzählung wird auf diese Weise zu einer Variation und schlüssigen Deutung der von Kafka selbst stammenden These ‚Der Kapitalismus ist ein System von Abhängigkeiten, die von innen nach außen, von außen nach innen, von oben nach unten und von unten nach oben gehen. Alles ist abhängig. Alles ist gefesselt. Kapitalismus ist ein Zustand der Welt und der Seele'" (103). – Diese These stammt nun aber keinesfalls von Kafka selbst, sondern von Gustav Janouch. Goldstücker hat anhand einer sehr ähnlich gelagerten Parallelstelle nachgewiesen, daß Janouch auf Gedanken und Formulierungen einer Schrift von Leo Trotzki, *Die verratene Revolution,* zurückgreift, die erst Jahre nach Kafkas Tod erschienen ist. Für Sautermeister gibt es offenbar keine Zweifel an der Authentizität des angeblichen Kafka-Zitats, und es genügt ihm als einziger textexterner Beleg für Behauptungen, wie etwa, daß Kafkas „soziale Sympathie prinzipiell dieser Klasse gehört" – gemeint ist: die „ausgebeutete Klasse" des vorhergehenden Satzes (108).

Die Lektüre der Tagebücher und Briefe zeigt dagegen, wie fremd Kafka Klassendenken war. In gewisser Hinsicht war Kafka ein Produkt, ja vielleicht ein Opfer der privatwirtschaftlichen Produktionsverhältnisse. Man denke an die frühkindliche Entwicklung Kafkas: Die Eltern waren ganz vom Aufbau ihrer geschäftlichen Existenz beansprucht. Die Erziehung lag in der Hand wechselnder Kinderfrauen. Emotionale Geborgenheit gab es für das Kind Franz Kafka nicht. Wahrscheinlich liegt darin ein entscheidender negativer Entwicklungsfaktor. Aber ein Sozialkritiker ist Kafka dennoch nicht geworden, ein Kapitalist natürlich auch nicht. Kafka hatte wenig Sinn für Geld und materiellen Erfolg. Den Vater verachtete er trotz des eigenen Inferioritätsgefühls in gewisser Hinsicht wegen seiner Ungeistigkeit und wegen seines platten Geschäftssinnes.

Wenn Kafka den Wert des realen Geschäfts mißachtet (weil er die Armut des Juden vom Lande nicht erlebt hat), aber andererseits ausgerechnet das „Geschäft“ als Symbol des Lebens verwendet, so hat das sicherlich mit den familiären und allgemeinen gesellschaftlichen Existenzbedingungen Kafkas zu tun. Möglicherweise rührt auch die Kontaktarmut Kafkas nicht nur von der seelischen Vernachlässigung des Kindes Franz Kafka, sondern auch von der Ghetto-Situation der Juden in Prag her. Solche und ähnliche Gesichtspunkte sind eine breit angelegte Untersuchung wert. Aber es wäre methodisch falsch, ein bestimmtes Werk des Autors ohne vorherige Untersuchung des Kontexts und der individualpsychologischen Bezüge in einen soziologischen Raster einzuordnen.

Man kann sagen, daß Kafka unter seinem Beruf gelitten hat, aber nicht, weil er rings um sich Unterdrückung, Ausbeutung und Entfremdung wahrgenommen oder sich selbst davon betroffen gefühlt hätte, sondern weil der Brotberuf ihm Zeit und Kraft für seinen eigentlichen Beruf, das Schreiben, raubte. Wenn der Reisende Gregor Samsa über die Mühen seines Berufes klagt, so stehen sicher Erfahrungen des Autors dahinter, aber nicht systemkritische Intention und Reflexion.

2.2.3
Symbolik des Raums und der Dinge

Der Raum

Als der Josef K. im *Prozeß* zum erstenmal verhört wird, konstatiert der Untersuchungsrichter als Beruf „Zimmermaler“, was zwar vordergründig gesehen nicht zutrifft, aber eine Eigenart des Schriftstellers Kafka selbstironisch beleuchtet, die besonders in den beiden Romanen und in den Erzählungen *Das Urteil* und *Die Verwandlung* zur Geltung kommt: die auffallend ausgiebige Ausmalung von Innenräumen, die den seelischen Innenraum als eigentlichen Ort der Handlung symbolisieren. Gregors Zimmer liegt im Schnittpunkt der innerfamiliären Kraftlinien. Es hat drei Türen, die im ersten Kapitel offenbar die drei unterschiedlichen

Kommunikationskanäle zu den drei familiären Bezugspersonen symbolisieren, zur Mutter am Kopfende, rechts zur Schwester, links zum Vater. Die Türen sind in der Regel verschlossen, so daß sie zugleich als Kommunikationsschranken funktionieren. In der zweiten Phase der Handlung tritt die Restfamilie (außer Gregor) als geschlossene Gruppe im Wohnzimmer auf. In der ersten Phase unternimmt Gregor unter größten Schwierigkeiten einen Versuch, die Isolation zu durchbrechen. Er öffnet mit dem Mund (dem Kommunikationsorgan) die Tür, wird aber vom Vater zurückgetrieben und verwundet.

In der zweiten Phase sind die Türen anfangs von außen verschlossen, dann aber geht die Schwester dazu über, täglich Gregors Zimmer aufzusuchen – einmal begleitet von der Mutter. Allerdings geht die schwesterliche Fürsorge in eine Art Machtergreifung über, gegen die sich Gregor wehrt. Dabei bricht er aus dem Zimmer aus und wird vom Vater zum zweitenmal in die Isolation zurückgedrängt und nachhaltiger noch als beim erstenmal verwundet.

In der dritten Phase wird der Kontakt zur Menschenwelt nur durch die Bedienerin, ein rüdes altes Weib, aufrechterhalten, die allerdings den Raum als Rumpelkammer benutzt. Nun, da kein Ausbruchsversuch Gregors mehr zu befürchten ist, wird abends die Tür einen Spalt breit geöffnet.

Im Verlauf der Handlung wird Gregors Bewegungsradius immer kleiner, schließlich versteckt er sich im innersten Winkel des Zimmers, unter dem Kanapee, und zieht ein leichentuchartiges Leinen über die Öffnung seines unbequem engen und finsteren Aufenthaltsplatzes, der einem Sarg nahekommt. In dieser Selbstnegierung drückt sich symbolisch Kafkas grenzenlose Selbstverachtung aus, die auch dazu beiträgt, jede menschliche Beziehung scheitern zu lassen.

Das Fenster

Die einzige Verbindung zur außerfamiliären Welt ermöglicht das Fenster, ein bei Kafka immer wieder auftauchendes Kommunikationssymbol

(z. B. „Das Gassenfenster: ... Wer verlassen lebt und sich doch hie und da irgendwo anschließen möchte ... Wer ohne weiteres irgendeinen beliebigen Arm sehen will, an dem er sich halten könnte – der wird es ohne ein Gassenfenster nicht lange treiben" – Erzählungen, 18).

Im *Urteil* hat Gregor zunächst einen beruhigend breiten Überblick über die Außenwelt – durch sein Fenster. Die Konfrontation mit dem Vater aber findet in einem Zimmer statt, dessen Aussicht durch eine hohe Mauer verbaut ist. Gregor Samsa versucht, den Spuk der Verwandlung durch einen Blick zuerst zum Bild und dann durch das Fenster auf die Realität der Außenwelt zunichte zu machen. Aber das trübe Wetter gestattet keinen Ausblick (56). Nachdem Gregor sich mühsam aus dem Bett befreit hat, macht er einen zweiten Ansatz, sich der äußeren Realität und damit seines realen früheren Ich zu vergewissern (60). Aber die Außenwelt verliert immer mehr an Kontur. Im zweiten Kapitel stemmt sich Gregor im Sessel hoch, um

> „sich ans Fenster zu lehnen, offenbar nur in irgendeiner Erinnerung an das Befreiende, das früher für ihn darin gelegen war, aus dem Fenster zu schauen. Denn tatsächlich sah er von Tag zu Tag die auch nur ein wenig entfernter gelegenen Dinge immer undeutlicher ... und wenn er nicht genau gewußt hätte, daß er in der stillen, aber völlig städtischen Charlottenstraße wohnte, hätte er glauben können, von seinem Fenster aus in eine Einöde zu schauen, in welcher der graue Himmel und die graue Erde sich ununterscheidbar vereinigten" (76/77).

Das Bild

Als die Schwester das Mobiliar aus dem Zimmer entfernen will, was dem Kriechtier seine nächtlichen Exkursionen erleichtert, aber auch die völlige Trennung von der Menschenwelt bedeutet hätte, zeigt sich, daß Gregor sich eine bestimmte symbolische Verbindung auf keinen Fall nehmen lassen will: das Bild der Dame im Pelz. Wir erfahren über die Person nichts, außer daß Gregor das Bild aus einer Illustrierten ausgeschnitten und selbst einen Rahmen dafür gefertigt hat. Das Pelzwerk („Pelzhut, Pelzboa, schwerer Pelzmuff", 56) wird betont, das Gesicht hingegen wird überhaupt nicht beschrieben. Insofern fühlt man sich an das „leere" Gesicht der Felice Bauer erinnert. Eine andere geheime Parallele liegt in dem Bilderkult, den Kafka während der Entstehungszeit der *Verwandlung* mit den verschiedenen Fotografien Felices treibt, die er sich brieflich erbettelt und auf die er zu dieser Zeit in fast jedem seiner Briefe eingeht. Die entgegengestreckten Hände (wenn auch verhüllt durch den Pelz!) haben ihre Entsprechung in der Symbolgebärde, die Kafka als charakteristisch für Felice beschreibt: „... sie, die in die vollkommene Leere hinein immerfort die Hände zur Hälfte gestreckt hatte ..." (BB, Juli 1916, 139). Der Pelz hat zwei – ambivalente – Aspekte: Einerseits verbirgt er die (ohnehin unkenntliche) Person, andererseits verweist er auf eine Affinität zum Tierbereich, dem Gregor ja nun auch zugeordnet ist.

Auf Felice Bauer deutet außerdem der Umstand hin, daß das Bild das einzige Requisit der Wohnung bildet, das nicht von vornherein dazugehört, sondern erst „vor kurzem" von außen hinzugekommen ist (56). Es stellt denn auch – neben dem Fenster – die einzige Verbindung zur Außenwelt dar, und Gregor klammert sich eben darum mit besonderer Verzweiflung daran. Ebenso sieht Kafka sein Verhältnis zu Felice: „... ganz allein Du bildest meine einzige wesentliche Verbindung mit Menschen ..." (BF, 12.8.1913, 443). In einem noch aufschlußreicheren Brief vom 24.11.1912 setzt er metaphorisch die „Wohnung seines Herzens", in der Felice wohne, mit der Wohnung der *Verwandlung* gleich: „Was ist das doch für eine ausnehmend ekelhafte Geschichte, die ich jetzt wieder beiseite lege, um mich in den Gedanken an Dich zu erholen ... ekelhaft ist sie grenzenlos und solche Dinge, siehst Du, kommen aus dem gleichen Herzen, in dem Du wohnst und das Du als Wohnung duldest ..." (BF, 23.11.1912, 117).

Doch die Gemeinschaft mit Felice Bauer besteht nur „im Bild", in der Realität hat Kafka sie erst einmal eine Stunde lang gesehen. Das „Glas", das über dem Bild liegt, mag einen Hinweis auf die vorläufig nach außen hin noch nicht sichtbare Trennwand enthalten, die Kafka von jedem Partner, auch von Felice fernhalten wird. Wenn Gregor sich an das Glas preßt, das „seinem heißen Bauch wohltat" (81), liegt darin sowohl das symbolische Element der sexuellen Berührung wie umgekehrt die Kühle der Distanz trotz größter scheinbarer Nähe.

2.2.4 Die Schwester

Eine in keinem andern Werk Kafkas wiederkehrende Position nimmt in der *Verwandlung* die Figur der Schwester ein. „Grete" – schon der Namensklang besagt es – ist Gregor in gewissen Dingen seelenverwandt. Sie durchschaut als erste seine Situation. Sie versucht zu helfen. Gregor liebt sie und will ihr eine künstlerische Ausbildung ermöglichen, weil sie (außer Gregor) die einzige in der Familie ist, die Sinn für Musik hat. Im Kunstverständnis liegt die tiefste Gemeinsamkeit der Geschwister: „... Und doch spielte die Schwester so schön (Geige) ... war er ein Tier, da ihn Musik so ergriff? Ihm war, als zeige sich ihm der Weg zu der ersehnten unbekannten Nahrung" (92). Sie erkennt daher auch sein der Normalität entgegengesetztes Nahrungsbedürfnis und versorgt ihn mit Abfall. (Näheres zum Motiv der unbekannten Nahrung und zur Verwandtschaft zum *Hungerkünstler* im Schlußkapitel). Unschwer sind an Grete Züge von Kafkas jüngerer Schwester Ottla zu erkennen. Sie bestärkte als einzige aus der Familie den Bruder in seiner Schriftstellerei. Damit arbeitete sie indirekt den Heiratsversuchen Kafkas entgegen. Doch sie selbst entschied sich nicht für eine künstlerische Betätigung. Sie heiratete später und führte eine „normale" Ehe – auch darin liegt eine Parallele zu Grete, die ja im Schlußbild als Symbol des vitalen Lebens fungiert (99).

Einiges weist darauf hin, daß in Gregors Liebe zur Schwester mehr als nur Geschwisterliebe mitschwingt. Gregor möchte die Schwester ganz für sich haben: „... Er wollte sie nicht mehr aus seinem Zimmer lassen ... Gregor würde sich bis zu ihrer Achsel erheben und ihren Hals küssen ..." (92). Bei Grete ist der reziproke Wunsch nach Besitzergreifung spürbar, wenn sie sich zur ausschließlichen Helferin und Wärterin Gregors aufwirft (80/81). Zumindest in den Augen Gregors besteht eine Rivalität zwischen der Schwester und der Bild-Dame: „‚Also was nehmen wir jetzt?', sagte Grete und sah sich um. Da kreuzten sich ihre Blicke mit denen Gregors an der Wand ... Die Absicht Gretes war für Gregor klar, sie wollte ... ihn von der Wand hinunterjagen. Nun, sie konnte es ja immerhin versuchen! Er saß auf seinem Bild und gab es nicht her. Lieber würde er Grete ins Gesicht springen" (82).

Tatsächlich hat auch Kafkas Verhältnis zu seiner Schwester ähnliche Züge. Ottla war immer seine Vertraute. Insbesondere in der Krise nach der zweiten Verlobung mit Felice (Juli 1917) und dem alsbald erfolgenden Ausbruch der Tuberkulose (September 1917) wird dies deutlich. Er siedelt nun zur Schwester aufs Land nach Zürau über, wo er sich dann auch zur endgültigen Lösung der Beziehung zu Felice durchringt (Dezember 1917). Sein Zusammenleben mit Ottla entspricht offenbar seiner Vorstellung von reiner (Josefs-)Ehe eher als eine wirkliche Ehe mit Felice Bauer: „Mit Ottla lebe ich in kleiner guter Ehe, nicht aufgrund des üblichen gewaltsamen Stromschlusses ..." (BB, September 1917, 165). Daß ähnliche Ideen Kafka auch schon zur Entstehungszeit der *Verwandlung* nicht ferngelegen haben können, beweist eine Tagebuchstelle vom 15.9.1912 (also einen Monat nach der ersten Bekanntschaft mit Felice Bauer): „Die Liebe zwischen Bruder und Schwester – die Wiederholung der Liebe zwischen Vater und Mutter."

2.2.5 Der Vater

Auf die umgekehrt proportionale Vitalitätskurve in der Entwicklung von Vater und Sohn wurde oben schon hingewiesen. Sie entspricht dem Ablauf des *Urteils.* Jedoch hat die *Verwandlung* mehr epischen Charakter, weniger dramatische Zuspitzung auf einen Zusammenprall der Kontrahenten. Ein eigentlicher Dialog zwischen Vater und Sohn findet nie statt. Die Wechselreden durch die verschlossene Tür am Anfang wirken eher wie wechselseitige Monologe. Schon bald (ab 58) wird Gregors Sprache (eine „Tierstimme", 58, „ein schmerzliches Piepsen" – erinnernd an Josefines „Gesang" in *Josefine oder das Volk der Mäuse,* 64) für die Familie unverständlich. Die letzten Worte Gregors, die wiedergegeben werden, artikulieren einen Hilferuf an die Mutter (68). Aber von der unselbständigen, im entscheidenden Moment in Ohnmacht fallenden Mutter ist keine wirkliche Hilfe zu erwarten. Darin entspricht ihr Bild dem des *Urteils* und des *Briefes an den Vater.* Wie im *Brief an den Vater* wird ihre „gänzliche Vereinigung mit ihm" (dem Vater, 85) hervorgehoben. Der Vater aber bringt für Gregor nicht das geringste Verständnis auf: „Kein Bitten half, kein Bitten wurde auch verstanden" (69). Der Vater seinerseits beschränkt die Kommunikation auf Drohgebärden und tierisch wirkendes Zischen (69). Durch den Rückfall ins Non-Verbale nimmt das Bild des Vaters barbarisch-urtümliche Züge an, zumal er mit einem „Wilden" (69) verglichen wird. Seine Waffe, der Stock, entspricht dem Stock des (ebenfalls sprachlos bleibenden und wild dreinblickenden) Fremden in der *Brücke* und der ominösen „Hacke" im *Landarzt,* die selbsttätig die Existenzwunde des Kindes schlägt. Der Vorgang der Verwundung wird (wie im *Landarzt*, wo die Wunde einerseits als ekelerregend und unheilbar, andererseits als „schöne Wunde“ bezeichnet wird) ambivalent empfunden: als Schmerz und als wahrhaft erlösender starker Stoß (70). Diese letztere Komponente läßt sich tiefenpsychologisch aus dem Schuldgefühl und dem Bestrafungsbedürfnis Kafkas herleiten, das sich auch im Tagebuch regelmäßig in masochistischen Folterungs- oder Tötungsphantasien äußert (z.B. „Heute früh zum erstenmal seit langer Zeit wieder die Freude an der Vorstellung eines in meinem Herzen gedrehten Messers“, T., 2.11.1911). Vermutlich symbolisiert der Stock nicht nur die Aggressivität, sondern auch die Männlichkeit eines nicht mehr realen Vaters, der den Charakter einer archetypischen Imago annimmt: „... es klang schon hinter Gregor gar nicht mehr wie die Stimme bloß eines einzigen Vaters“ (69).

Gregors Angst um das Bild als seine letzte Verbindung zur Welt führt zur letzten und schärfsten Konfrontation mit dem Vater (83/84). Ähnlich wie im *Urteil* nimmt die „Auferstehung“ des Vaters fast den Charakter einer Apotheose an: „... war das noch der Vater? Der gleiche Mann, der müde im Bett vergraben lag ... der ihn ... im Schlafrock im Lehnstuhl empfangen hatte ...?“ (83). Aus dem matten Grau, das die Atmosphäre der Erzählung bestimmt, leuchten um so überraschender und lebensvoller das Schwarz der Augen und das leuchtende Weiß der nunmehr geordneten Haare des Vaters und das strahlende Blau und Gold seiner „Uniform“. Alles an dem Vater deutet auf vitales Leben hin, seine aufrechte Haltung, sein „frischer Blick“, seine Bewegung („immerhin hob er die Füße ungewöhnlich hoch, und Gregor staunte über die Riesengröße seiner Stiefelsohlen“, 84). Als Kontrast zur extremen Vereinzelung der Ungeziefer-Existenz symbolisiert die Uniform (zumal mit ihren sieghaft starken Farben) die Uniformität des Lebens, worauf möglicherweise auch die „Bank“ (als Steigerungsform des „Geschäfts“) hinweist. (Zur symbolverwandten Uniformität der drei Herren s.u.).

Die nun einsetzende, in wiederholter Runde sich hinziehende Verfolgungsjagd macht die Unterlegenheit des Sohnes sinnfällig: „... während der Vater einen Schritt machte, mußte er eine Unzahl von Bewegungen ausführen“ (84). Die Perspektive unterstreicht das Nichtigkeitsgefühl Gregors und die bedrohliche Macht des Vaters: „Gregor staunte über die Riesengröße seiner

Stiefelsohlen" (84). Franz Kafkas beginnende Lungenkrankheit (die er schon 1913 selbst feststellen zu können glaubte, und die er psychosomatisch deutete) wird auf Gregor projiziert („... Atemnot ... wie er ja auch in seiner früheren Zeit keine ganz vertrauenswürdige Lunge besessen hatte" (84)".

Die Jagd endet mit der zweiten, nachhaltigen Verwundung durch den Vater. Damit ist die Entwicklung der Vater-Sohn-Beziehung zum Abschluß gekommen. Das einzige „Andenken im Fleische" (85) bleibt die unheilbare Wunde im Rücken, in der der allmählich verfaulende rote Apfel steckt. Politzer wertet das befremdliche Apfelmotiv Kafkas als „spielerisch-artistischen" Hinweis auf den „Baum der Erkenntnis" und „Erbsünde" als eine mögliche „metaphysische Interpretation" (H. Politzer, a.a.O., 122). An eine religiöse Herkunft des Motivs ist gewiß zu denken, doch nicht an eine religiöse Sinngebung der Erzählung insgesamt (was auch Politzer ablehnt). Vor allem hat diese Wunde (in Verbindung mit dem Apfel) Merkmale, die deutlicher als die meisten anderen Wunden in den verschiedenen Erzählungen Kafkas an die Male des Bordelltraums (T., 1911, 60) erinnern: Sie ist rund, sie befindet sich auf dem Rücken, der Apfel, der sie ausfüllt, hat eine rote Farbe (84 u.). Diese Merkmale treffen auch auf die Wunde des Kindes im *Landarzt* (127) zu – mit einer geringen Variation: Die Wunde sitzt in der Hüfte. Auch die Größenvorstellungen dieser Wunde und der Gregors stimmen überein; beides sind überdies Wunden, die bis zum Tode bestehen bleiben. Sowohl die Bordellmale wie die Wunde im *Landarzt* verweisen auf Kafkas Vorstellung von einem mythischen Urgrund, in dem Sexualität, Leiden, Krankheit zum Tode und Verdammung eins sind. Damit liegt die Assoziation an „Erbsünde" (wenn auch nicht an irgendeinem dogmatischen, sondern in einem von Kafka individuell auf sich bezogenen Sinne) nahe. Zusätzlich mag in dem Bordelltraum eine Bildungsreminiszenz an das mittelalterliche Bild der „Frau Welt" mitschwingen. In der *Verwandlung* bleibt die sexuelle Komponente des Motivs unterschwellig, wenn man nicht die Wendung „im Fleische" (mit ihrem archaisch-biblischen Dativ-„e", das Kafka nur selten verwendet) biblisch verstehen will. Deutlich dominiert hier das Merkmal der Verdammung durch den mythischen Vater (zur Frage der Schuld vgl. die Interpretation des *Urteils*); jedenfalls leitet die Apfelszene auch die letzte Phase in Gregors Leidensgeschichte ein. Die Zeitdauer der Handlung wird zwar nur sehr ungenau angegeben, und in Gregors Tierperspektive verschwimmt die Zeit vollends, so daß er nicht einmal weiß, ob nun Weihnachten vorüber ist (92), dennoch kann man erschließen, daß die Handlung etliche Wochen vor Weihnachten – also jahreszeitlich etwa simultan mit dem Beginn der Niederschrift der Erzählung – beginnt. Sie endet im März. Die letzte Phase fällt von ihrer Dauer her annähernd mit der Passionszeit zusammen (ähnlich lang ist die jeweils 40 Tage nicht überschreitende Fastenzeit des *Hungerkünstlers*). Gregor stirbt um „die dritte Morgenstunde" (96) – eine Zeitangabe, die durch ihre altertümliche Feierlichkeit von den anderen Uhrzeit-Angaben der Erzählung absticht und an die Sterbezeit Christi (drei Uhr nachmittags) erinnert. Zwar wird auch Gregors Sterben als freiwillig dargestellt („Seine Meinung darüber, daß er verschwinden müsse, war womöglich noch entschiedener, als die seiner Schwester", 96), aber sein Tod bedeutet lediglich für ihn selbst Erlösung von seinen Schmerzen und für die Familie Erlösung von dem Ungeziefer und Wiedererstarken des vitalen Lebens. Im Rückblick auf die letzte Leidensphase fällt auf, daß der Kampf um den Besitz des Damenbildnisses, der ja schließlich zur Verwundung durch den Vater geführt hatte, eben damit sein Ende findet. Das Bild scheint von nun an für Gregor überhaupt nicht mehr zu existieren. Vom Erzähler wird es fortan kein einzigesmal erwähnt. Es ist, als ob sich auf mystische Weise das Bild in die Wunde verwandelt hätte, und man erinnert sich an jene sonderbare spätere Tagebucheintragung von der „Wunde, deren Entzündung F(Felice) und deren Tiefe Rechtfertigung heißt" (T., 15.9.1917, 329), wie an die Tatsache, daß der Blutsturz im September 1917 von Kafka als das endgültige Signal zur Auflösung seiner Beziehung zu Felice Bauer gewertet wurde.

2.2.6 Lebenssymbolik

Je hoffnungsloser die Isolation Gregors wird, je mehr er von menschlicher Kommunikation ausgeschlossen wird, desto mehr schließen sich die anderen zu uniformen Gruppen zusammen. Als der Vater durch den Apfelwurf Gregor zu töten droht, erscheint die Mutter „in gänzlicher Vereinigung mit ihm" (85). Die deutlichste Opposition zu dem Individuum Gregor bilden die drei Zimmerherrn, die in der dritten Phase auf der Bildfläche erscheinen. Sie treten grundsätzlich als unzertrennliche, ununterscheidbare Trias auf, wobei lediglich der mittlere Herr dieser symmetrischen Gruppe als Sprachrohr der Gruppe hervorsticht. Sie haben zwei auffallende Merkmale mit dem Panther in der Schlußszene des *Hungerkünstlers* gemeinsam: Sie legen großen Appetit auf Fleisch an den Tag (90) und haben ein ausgeprägtes Gebiß – im Gegensatz zu Gregor, der sich wie der Hungerkünstler vor der normalen Nahrung der Menschen ekelt und nach einer unbekannten Nahrung sehnt, zu der ihm die Musik den Weg zu zeigen scheint (92). Gregor hat – um den Kontrast zu vervollständigen – nicht einmal Zähne: „Sonderbar schien es Gregor, daß man aus allen mannigfachen Geräuschen des Essens immer wieder ihre kauenden Zähne heraushörte, als ob damit Gregor gezeigt werden sollte, daß man Zähne brauche, um zu essen, und daß man auch mit den schönsten zahnlosen Kiefern nichts ausrichten könne. ‚Ich habe ja Appetit', sagte sich Gregor sorgenvoll, ‚aber nicht auf diese Dinge.[5] Wie sich diese Zimmerherren nähren, und ich komme um!'" (90/91). Andererseits haben die Zimmerherren aber keinen Sinn für die Schönheit der Musik (92), während das Ungeziefer von der Musik in besonderem Maße ergriffen wird: „War er ein Tier, da ihn Musik so ergriff" (92). Dieser Satz ist merkwürdig doppeldeutig: Soll man das „da" als Begründung oder als Gegensatz im Sinne etwa von „da doch" auffassen? Wenn man die bei Kafka mehrfach zu beobachtende Zuordnung von Kunstsinn zu bestimmten Tiersymbolen (Josefine, die Maus, die Musikhunde) denkt, scheint es nicht absurd, eine Kausalbeziehung anzunehmen. Allerdings gilt dies nur für die Tierfiguren, die zur Gruppe der Paria zu rechnen sind und sich durch Lebensschwäche auszeichnen. Der Panther als Symbol des vitalen triebhaften Lebens hat diesen Sinn natürlich nicht. Er könnte ebensogut wie die Zimmerherren oder der Fleischergeselle, der am Todestage Gregors das Haus in jener „stolzen Haltung" (92) betritt, die den Repräsentanten des Lebens immer wieder zugeschrieben wird, als Kontrastsymbol zu dem vollkommen flachen und ausgetrockneten Leichnam Gregors dienen. Er hat alles das, was dem Hungerkünstler und Gregor fehlt: „Die Nahrung, die ihm schmeckte, ... die Freiheit ... schien ... irgenwo im

Gebiß ... zu stecken; und die Freude am Leben kam mit derart starker Glut aus seinem Rachen ..." (*Ein Hungerkünstler,* 171). Die Ähnlichkeit des Schlußbildes zeigt die Verwandtschaft von Gregor Samsa mit dem Hungerkünstler an. Kunst als Nichtleben, ein Motiv, das in voller Deutlichkeit bei Kafka erst in *Ein Traum* (1914, vgl. u.) hervortritt, wird indirekt schon in der *Verwandlung* berührt. Allerdings beschränkt sich Gregors frühe künstlerische Tätigkeit auf kindliche Laubsäge-Basteleien. Der Rahmen des Damenbildnisses scheint ein Ergebnis dieser Tätigkeit zu sein (62). Die Selbstironie in der Darstellung ist kaum zu überhören.

Nach Gregors Tod steigert sich die Lebenskraft der dreiköpfigen Restfamilie derart, daß sie die Zimmerherren-Trias, die zuvor das Leben in bevorzugter Weise repräsentierte, in dieser Funktion ablösen kann. Die drei Familienmitglieder wachsen ebenfalls zu einer Gruppe zusammen, wenn sie das Haus verlassen. Sie brechen „alle drei gemeinschaftlich" zu einer Art Osterspaziergang auf. Das Schlußbild vereinigt in sich – fast in zu dichter Form – alle möglichen Kontrastelemente zur Ungeziefer-Existenz des verstorbenen Sohnes: „Frühling", „warme Sonne", „Zukunft" (99). Wie im Schlußbild des *Hungerkünstlers* ist auch das Element der Freiheit („ins Freie") als Gegensatz zu der Enge der ungezieferverseuchten Wohnung vertreten. Ein Wohnungswechsel wird ins Auge gefaßt. Ausgerechnet die Schwester, die anfangs Gregor am nächsten stand, aber schon in der letzten Phase des Zusammenlebens mit Gregor auf dessen Vernichtung gedrängt hatte (95), wird zum Zentralsymbol des animalischen Lebens. Sie wird augenblicklich „immer lebhafter", plötzlich fällt auf, daß sie „zu einem schönen und üppigen Mädchen aufgeblüht war", und die Eltern denken daran, „einen braven Mann für sie zu suchen", wenn sie sehen, wie „die Tochter als erste sich erhob und ihren jungen Körper dehnte" (99).

Abschließend sei ein Selbstzeugnis mitgeteilt, das ein bezeichnendes Licht auf Kafkas Schreibmotivation wirft und Rückschlüsse auf die Intentionalität des Werks erlaubt. In der Nacht vom 23./24.11.1912 schreibt er in einem Brief an Felice Bauer über die gerade entstehende Erzählung *Die Verwandlung:*

„Liebste! Was ist das doch für eine ausnehmend ekelhafte Geschichte ... ekelhaft ist sie grenzenlos ... Sei darüber nicht traurig, denn, wer weiß, je mehr ich schreibe und je mehr ich mich befreie, desto reiner und würdiger werde ich vielleicht für Dich, aber sicher ist noch vieles aus mir herauszuwerfen und die Nächte können gar nicht lange genug sein für dieses übrigens äußerst wollüstige Geschäft" (a.a.O., 117).

Offenbar geht es Kafka um Selbstbefreiung durch Selbstobjektivation.

2.3 „Ein Traum" (1914/1915)

2.3.1 Die Traumstruktur von „Ein Traum"

„Der Sinn für die Darstellung meines traumhaften inneren Lebens hat alles andere ins Nebensächliche gerückt ...", stellt Kafka im Tagebuch vom 6.8.1914 (262), also zur ungefähren vermutlichen Entstehungszeit des *Traums*, fest. Die Diagnose wird glaubhaft, wenn man Kafkas Tagebücher durchgeht und immer wieder auf Traumaufzeichnungen stößt, die wiederum von Werkskizzen überhaupt nicht zu unterscheiden sind. Ja, für die Jahre 1911 bis 1917 hat man den Eindruck, daß das Tagebuch in erster Linie ein Traumtagebuch ist, und daß die wichtigsten Motive der Erzählungen (z.B. das Pferdemotiv, das Kübelreitermotiv, der Kampf mit der Vaterfigur, das Motiv der Ich-Spaltung usw.) Traummotive sind. Kafkas z.T. „wütend deutliche" Träume sind weitgehend Wachträume mit fast halluzinativem Charakter; „Ich kann nicht schlafen. Nur Träume. Kein Schlaf." notiert Kafka unter dem 21.7.1913.

Unter diesen Umständen wundert es um so mehr, daß mit Ausnahme von *Ein Traum* in Kafkas Werken so gut wie nie irgendein Traum mitgeteilt wird. Die Erklärung ist wahrscheinlich darin zu suchen, daß für Kafka Werk und Traum nicht auf verschiedenen Realitätsebenen liegen.

Daß Kafka keinen prinzipiellen Unterschied zwischen der Sinnstruktur seines Werkes und der des Traums sieht, zeigt beispielsweise die Selbstverständlichkeit, mit der er selbst das *Urteil* durch Verfahrensweisen der Traumdeutung verständlich zu machen sucht. Die Kenntnis der Schriften Sigmund Freuds dürfte ihn in dieser Einstellung bestärkt haben. Möglicherweise wurde er dadurch angeregt, Traumstrukturen bewußt zu übernehmen (z. B. Auflösung des Raum-Zeit-Kontinuums, Personalisierung des Psychodramas usw.). Wie hier Bewußtes und Unbewußtes ineinandergreifen, wird nie zu klären sein. Dies gilt auch für *Ein Traum*. Er wird zwar vom Autor „Josef K." zugeschrieben, ohne daß der *Traum* in den Zusammenhang des Romans *Der Prozeß* integriert würde,[6] doch könnte Kafka dabei seiner fiktionalen Identifikationsfigur einen eigenen Traum unterstellt haben. Jedenfalls weist der *Traum* charakteristische Elemente eines echten Traumes auf: Die raum-zeitliche Situation bleibt unbestimmt. Die physikalischen Gesetzmäßigkeiten – z. B. das Gesetz der Schwerkraft – sind aufgehoben. Die auftretenden Personen haben keine personale Selbständigkeit, sondern existieren nur in ihrer funktionalen Beziehung zu K. Die gesamte in den Blick genommene „Realität" scheint von vornherein auf K. bezogen zu sein: K.s Grabhügel wartet schon auf ihn. Die Fahnen schmücken den Friedhof schon für K.s Begräbnisfeier, ehe er von seinem Ende weiß. Das Läuten der Totenglocke steht in Beziehung zu K., von den Personen und ihren Hantierungen ganz zu schweigen.

Aber: Trotz aller Traumhaftigkeit der Bilder – *Ein Traum* ist ebensowenig nur Traum wie irgendeine andere Erzählung Kafkas. Schon der normale Traum wird durch den Akt der erinnernden Vergegenwärtigung, so darf man vermuten, selektiv verfälscht. Bei Kafka kommt – vorausgesetzt, daß es sich tatsächlich um Traummaterial handelt – die Transponierung in Sprache und Erzählform hinzu.

Der Traum wird nicht in der Ich-Form erzählt, sondern vermittelt durch einen impliziten Erzähler, der jedoch in allen für K. wesentlichen Dingen nicht mehr Einsicht und Überblick besitzt als der Held. Diese Perspektive stimmt mit der des *Urteils*, der *Verwandlung* und der großen Romane überein („einsinnige" Erzählweise im Sinne F. Beißners). Lediglich in relativ unbedeutenden Momenten sieht der Erzähler Dinge, die dem Helden momentan nicht ins Auge fallen, z. B. wenn K. sich „kaum um den Mann" kümmert, „sondern ... nur auf den Stein ..." blickt (146). Der Erzähler aber teilt mit, was der Mann in diesem Augenblick unternimmt und kehrt ausdrücklich zur Perspektive K.'s zurück: „Nun sah auch K. den Künstler an ..." (146). In den für das Sinnverständnis wichtigen Punkten teilt der Erzähler den arg begrenzten Erkenntnishorizont des Helden. So kann er das „häßliche Mißverständnis" zwischen K. und dem Künstler erst aufklären, als K. zur Erkenntnis kommt. Damit wird eine unausgesprochene Identität zwischen Held und Erzähler (und Leser) suggeriert. Andererseits erlaubt die Erzählerrolle eine gewisse räumliche Distanzierung, die eine Sicht von außen ermöglicht: „Während er aber unten, den Kopf im Genick noch aufgerichtet, schon von der undurchdringlichen Tiefe aufgenommen wurde, jagte oben sein Name mit mächtigen Zieraten über den Stein" (147). Distanz wird hier wie in den anderen genannten Werken immer am Schluß hergestellt. Die Helden gehen unter, aber der Erzähler „überlebt" sie jedenfalls soweit, daß er ihren Tod erzählen kann. Im *Traum* überlebt zusätzlich der Träumer, der streng genommen mit dem Erzähler nicht identisch ist. Das Verhältnis zwischen Held und Erzähler in der „einsinnigen" Erzählform kann man möglicherweise als Analogie zu der Ich-Spaltung in Tagebüchern und Briefen Kafkas (s. o.) auffassen.

Über das durchgehende Gestaltungsmoment der Erzählstruktur hinaus sind weitere Strukturierungen festzustellen: Die Dreiphasigkeit des Vorgangs (K.s Weg bis zur Konfrontation mit Grab, Grabstein und Künstler – das Stocken des Prozesses durch K.s Nichtverstehen – Fortgang der Handlung durch K.s Einsicht) hat ihre stilistische Entsprechung z. B. in der sprachlichen Ausformung des Zeiterlebens. Die hinreißende Anziehungskraft des offenen Grabes äußert sich in einem epischen Vergleich („wie auf einem reißenden Wasser", 146), dem dominierenden, vor allem verbal besetzten Bedeutungsfeld der Fortbewegung („gleiten", „schweben", „rasen" usw.) und in den vielen Satzkonnektoren, welche Fast-Gleichzeitigkeit in der Abfolge der Vorgänge ausdrücken (kaum-schon; schon; während-plötzlich-fast schon; kaum; sofort-gleich; schon). Schließlich wird die Eile durch die Kleidung des Künstlers („nur mit Hosen und einem schlecht zugeknöpften Hemd bekleidet", 146) angezeigt.

In der Mittelphase des Stockens fehlen solche semantischen Elemente, stellen sich aber sofort wieder mit der 3. Phase (beginnend mit „Endlich verstand K.") ein, diesmal verstärkt durch gleichsam atemlos hervorgestoßene asyndetische Kurzsätze. Dabei sollen die fünf Semikola vermutlich suggerieren, daß für vollgültige Zäsuren zwischen den Sätzen nicht genug Zeit bleibt. In den beiden folgenden umfangreicheren Satzgebilden, die das Versinken in der Tiefe zum Gegenstand haben, wird durch die eingelagerten Partizipialsätze („von einer sanften Strömung auf den Rücken gedreht ... den Kopf im Genick noch aufgerichtet“, 147) in Verbindung mit dem satzeinleitenden „Während“ die Gleichzeitigkeit der Vorgänge syntaktisch zum Ausdruck gebracht.

2.3.2 Tod und Kunst

Bei der Sinn-Dechiffrierung von Kafka-Texten darf man geradezu von dem Grundsatz ausgehen, daß die Stellen, die, realistisch-logisch betrachtet, besonders absurd oder unverständlich erscheinen, für die Symbolerschließung am wichtigsten sind. In diesem Fall sind das (über die allgemeinen Traumstrukturen hinaus): die Anziehungskraft des eigenen Grabes, die Tätigkeit des Künstlers, der statt eines Meißels einen Bleistift benutzt, das merkwürdige Korrespondenzverhältnis zwischen K. und dem Künstler, die freiwillige Bejahung des schicksalhaft vorherbestimmten Sterbens und die Abhängigkeit der künstlerischen Inschrift von K.s freiwilligem Versinken im Grab.

Eine Schlüsselstelle zum Verständnis der Traum-Bildlichkeit findet sich in einem Brief Kafkas an Felice: „... dann möchte ich am liebsten alles lassen und mir an Ort und Stelle ein Grab graben. Schließlich kann es keinen schönern, der vollkommenen Verzweiflung würdigeren Ort für das Sterben geben als einen eigenen Roman“ (BF, 5.1.1913). In späteren Äußerungen wird die Verbindung zwischen Sterben und Schreiben auf noch dezidiertere Art ausgesprochen. Unter vielen anderen Belegen sei hier der Brief an Brod vom 5.7.1922 genannt: „Was der naive Mensch sich manchmal wünscht: ‚Ich wollte sterben und sehen, wie man mich beweint‘, das verwirklicht ein solcher Schriftsteller fortwährend, er stirbt (oder er lebt nicht) und beweint sich fortwährend“ (BB, 385).

Im Gegensatz zur freudigen Todesbejahung K.s (in Kafkas Frühzeit) steht die Verurteilung durch den Kafka von 1922: Schreiben sei „Illuminierung meines Leichnams ...“ (BB, 385), „süßer, wunderbarer Lohn für Teufelsdienst ...“ (BB, 384). Kontrastierend mit der negativen Sicht des genannten Briefes ist die innere Situation K.s gekennzeichnet durch eher freudige Aufbruchstimmung. Anlaß zum Schmerz gibt hier das vorläufige „häßliche Mißverständnis“. Zunächst weiß K. noch nicht, was den Künstler (der namenlos bleibt wie der Freund im *Urteil*) daran hindert, die Denkmalinschrift zu vollenden. Nichts scheint K. stärker zu bewegen, als das Mitgefühl mit dem weinenden, unproduktiven Künstler. Die Gefühlsregungen beider Figuren scheinen auffallend überproportioniert – ebenso wie ihre innere Interdependenz; beides wird verständlich, wenn man das Figurenpaar als Projektion der innerpsychischen Polarität Kafkas auffaßt. Die Affinität der Grabsteininschrift zu literarischer Produktion läßt sich aus verschiedenen Elementen ablesen: Der Gegenstand von Kafkas Schreiben ist Kafka. Das beteuert er an vielen Stellen. Das oben zitierte Bild von der Illuminierung des eigenen Leichnams durch Schreiben besagt nichts anderes. Die Inschrift „Josef K.“ deutet durch die Beziehung zum Hauptwerk des Autors auf dieses Faktum hin. Der Steinmetz schreibt mit einem Bleistift – das kann ja nur bedeuten, daß der Grabstein eigentlich aus Papier sein müßte. In der Schlußszene wird deutlich, daß keine von dem Selbst des Josef K. unabhängige zweite Person für die Vervollständigung der Inschrift notwendig ist. Das freiwillige Sterben K.s bewirkt offenbar automatisch, daß die Inschrift „mit mächtigen Zieraten über den Stein“ förmlich „jagt“.

Zum Schluß sei noch darauf hingewiesen, daß der Gedanke von der unversöhnlichen Gegensätzlichkeit zwischen Kunst und Leben in der Vorstellungswelt des Fin de siècle eine hervorragende Bedeutung hatte. Kafka hat sich z. B. intensiv mit Thomas Manns *Tonio Kröger* (erschienen 1903) auseinandergesetzt (s. Brief an Brod aus dem Jahre 1904 o. D., 31), dessen Ausspruch, „daß man gestorben sein muß, um ganz ein Schaffender zu sein“ (Thomas Mann: *Tonio Kröger*, a. a. O., 26), das Motto zu *Ein Traum* bilden könnte.

2.4
„Die Brücke"

2.4.1
Struktur

In diesem im Winterhalbjahr 1916/1917 entstandenen Text, der erst von Max Brod aus dem Nachlaß des Autors veröffentlicht und mit einem Titel versehen wurde, steht ein Motiv im Zentrum, das mit dem der *Verwandlung* Ähnlichkeit hat: ein Ding, das zugleich Mensch ist. Während die *Verwandlung* immerhin auf ein nicht gänzlich ungewohntes Märchenmotiv zurückgreift – die Verwandlung eines Menschen in ein Tier –, verzichtet Kafka in der *Brücke* radikal auf eine wie auch immer geartete „Erklärung" des Doppelcharakters, und – um die Paradoxie auf die Spitze zu treiben – wählt er als Erzählperspektive die Ich-Form und als Erzähltempus das (nicht ganz durchgängige) Präteritum. Der Schluß erhält dadurch einen ungewöhnlichen Grad von Absurdität: Das erzählende Ich überlebt sich selbst als erzähltes Ich, so daß es seinen eigenen Tod aus der Distanz des epischen Präteritums mitteilen kann.

Wie so viele der Kurztexte Kafkas ist die *Brücke* dreiphasig gebaut. Der erste Abschnitt skizziert die verzweifelte Ausgangssituation, in dem zweiten Absatz kommt Handlung in Gang, die auf eine positive Lösung zuzulaufen scheint, der dritte Abschnitt bringt den erwarteten Höhepunkt – aber als Peripetie zur endgültigen Katastrophe. Man könnte diese Charakterisierung wörtlich auf den *Kübelreiter* beziehen, so eng ist die Übereinstimmung im Strukturschema.

a) Zum ersten Abschnitt: Die Brückenexistenz ist sinnlos: eine Brücke in einer menschenleeren Region, in „unwegsamer Höhe", „in den Karten noch nicht eingezeichnet" (alle Zitate 284). Die Herkunft der Brücke bleibt ohne Erklärung. Isolation, Kälte, Starre, Bedrohtheit kennzeichnen die zwar zeitlos andauernde, aber unhaltbare Lage („in bröckelndem Lehm ... festgebissen"). Der Blick der „Brücke" ist nach unten gerichtet, „den zugespitzten Kieseln" des „eisigen Forellenbachs" zugekehrt, die ihrerseits die Brücke „anstarren". Der Blickkreis ist derart eingeengt, daß alle anderweitigen Außenwahrnehmungen (die auf akustischen Signalen basieren) im Grunde Vermutungen bleiben.

Seelische Regungen bzw. Gefühlszustände werden nicht direkt beim Namen genannt, sondern beim Leser indirekt durch die physischen Korrelate („steif und kalt", „festgebissen" usw.) evoziert. Nur auf dem Höhepunkt des Vorgangs – im dritten Abschnitt – wird die „Peripetie" („Und ich drehte mich um, ihn zu sehen") mit dem „erschauern" begründet, das zwar auf etwas Physisches („wilder Schmerz") zurückgeht, aber von seiner Bedeutung her ins Emotionale hineinreicht.

Der Satzbau dieses ersten Abschnitts ist schlichte asyndetische Parataxe. Kein einziger Gliedsatz kommt vor. Der innere Zusammenhalt der Sätze wird bewirkt durch die übergreifende Redeweise „Beschreibung". Erst am Schluß des Abschnitts – nach dem Gedankenstrich – erfolgt eine zusammenfassende Akzentuierung der Unabänderlichkeit dieses Existenzzustandes („ich mußte warten"), die durch eine allgemeingültige Reflexion („Ohne einzustürzen ...") implizit begründet wird.

b) Der zweite Abschnitt enthält zunächst ebenfalls beschreibende Elemente: Die innere Situation der zeitlichen und gedanklichen Desorientierung, das für Kafka so bezeichnende Gefühl des existentiellen Kreisens. Die Richtungslosigkeit des verworrenen Satzbaus (Parenthese und Anakoluth) spiegelt diesen Inhalt sprachlich wider. Der Ansatz zur Durchbrechung des ewigen Kreisens durch ein einmaliges Ereignis („Einmal gegen Abend war es") wird erst im zweiten Satz fortgeführt und eben durch diese Wiederaufnahme betont. Der zweite Satz hat eine ähnliche Struktur wie der erste. Nach dem Ereignis-Ansatz (diesmal erweitert um die Angabe „im Sommer") schiebt sich ein Hauptsatz als retardierende Parenthese ein („dunkler rauschte der Bach"). Die zweite Wiederaufnahme „da" leitet endlich das zentrale Erlebnis ein („hörte ich einen Mannesschritt"). Dieses löste eine Kette erregter Selbst-Appelle aus, die euphorisch die erwartete und ersehnte Begegnung antizipieren. Das Gefühl der Ohnmacht, Sinnlosigkeit und Fixiertheit weicht einem hypertrophischen Selbstbewußtsein („wie ein Berggott") – aber nur für einen halluzinatorischen Augenblick, der aus dem umgebenden Präteritum auch zeitlich herausgehoben ist durch Imperativformen und Präsens.

Alle antizipierten Verhaltensweisen, die den Erfolg garantieren sollen, erweisen sich bei Kafkas Helden vor der „Realität" als nutzlos.

c) Der dritte Abschnitt bringt die Begegnung mit dem „Anvertrauten". Eine genauere Kennzeichnung der Person ist nicht möglich, da die „Brücke" nicht einmal um den Preis des Todes Gewißheit über die Identität des Fremden erhält. Dieser „Anvertraute" scheint kein Vertrauen in die Brücke zu haben. Sein Beklopfen und Herumfahren mit der Stockspitze deuten darauf hin. Die Prüfung – wenn es denn eine ist – führt jedenfalls nicht zu dem Ergebnis, daß er die Brücke als Brücke benutzt. Stattdessen attackiert er die Brücke in einem Akt unbegründeter und unverständlicher Aggressivität, der etwas Selbstmörderisches an sich hat.

Allerdings bewirkt den gemeinsamen Absturz der Brücke und des Fremden genaugenommen erst die versuchte Hinwendung der Brücke zu dem „Anvertrauten". Die beiden zentralen Akte (die Aggression des Fremden und die Reaktion der Brücke) werden – ähnlich wie im zweiten Abschnitt – durch eine eingelagerte Parenthese („gerade träumte ich ihm nach über Berg und Tal" und „Brücke dreht sich um!") unterbrochen, woraus sich satzrhythmisch jeweils ein Spannungsstau ergibt. Die Rapidität des Sturzes wird durch die Verknüpfung der parataktischen Satzkette („noch nicht – da schon – und schon") und durch die Wiederholung des Verbs sprachlich gespiegelt. Dazu trägt außerdem der Übergang vom Präteritum in das Zustandspassiv der Vergangenheit bei („... stürzte ... und war schon zerrissen ...").

Eine strukturell und inhaltlich auffallende Parallele zwischen der *Brücke* und dem Ende des *Prozesses* besteht in der Fragekette des letzten Abschnitts (*Prozeß,* 165). Sie umfaßt in der *Brücke* sieben, im *Prozeß* neun Glieder. Das erste Glied ist inhaltsgleich: „Wer war es?". In beiden Fällen gelten die Fragen dem einzigen Menschen, mit dem Kommunikation eventuell in Frage kommen könnte. Aber sie kommt nicht zustande. Der Mensch bleibt fremd und unerkannt. Im *Prozeß* bildet er lediglich eine undeutliche Silhouette in einem fernen Fenster. In der *Brücke* findet zwar ein leiblicher Kontakt statt, aber der Fremde bleibt trotzdem unbekannt, ja ungesehen. Für die „Brücke" hat er nur die eine Funktion des „Vernichters", die im *Prozeß* den beiden groteskzwillingshaften Tenören zukommt. Allerdings erscheinen sie nicht als Menschen, sondern als bloße Exekutoren.

2.4.2
Symbolik

Das Brückenmotiv und der Schluß des Textes erinnern an das *Urteil.* Die Brücke hat nur den einen Existenzzweck, menschliche Verbindung herzustellen. Aber paradoxerweise ist sie an einer Stelle (in „unwegsamer Höhe" – hier sei vorweg schon auf die Parallele im *Kübelreiter* und in *Beim Bau der Chinesischen Mauer* verwiesen) errichtet, wo diese Funktion nicht erfüllt werden kann. Damit ist die zentrale Problematik der Existenz bei Franz Kafka berührt: Die Sehnsucht nach menschlicher Beziehung, der Glaube, daß nur die Übernahme menschlicher Verantwortung Existenzerfüllung ermögliche, und zugleich die Erkenntnis der eigenen Unfähigkeit dazu. Das Motiv des Sich-Festbeißens findet sich bei Kafka mehrfach – so etwa in dem oben zitierten Brief an Brod: „Das Dasein des Schriftstellers ist wirklich vom Schreibtisch abhängig, er darf sich eigentlich, wenn er dem Irrsinn entgehen will, niemals vom Schreibtisch entfernen, mit den Zähnen muß er sich festhalten" (a. a. O., 386). Das groteske Bild verweist auf die im Grund unhaltbare Existenzsituation. Im Koordinatensystem der Kafkaschen Welt bedeutet der Ort der Brücke „über dem Abgrund" (wie im Falle des Trapezkünstlers in *Erstes Leid,* 284) in Zusammenhang mit dem Gebirgsmotiv die extreme Gegenposition zur Lebensbasis, dem Erdboden, auf dem das Publikum sich befindet, oder dem tiefliegenden Zentralraum, in dem der Kohlenhändler zu Hause ist, bzw. dem Hinterzimmer, das vom Vater besetzt ist. Die Vorstellung von der Wurzellosigkeit und „Windigkeit" der eigenen Existenz zieht sich als Leitmotiv durch die Tagebücher. Erinnert sei hier nur an den Vergleich mit den japanischen Gauklern (T. 1910, 11).

Das Brückensymbol und das Symbol der „Luftwurzeln" verbinden sich in einer Tagebucheintragung von 1922:

> „Angriffe auf dem Weg im Schnee am Abend. Immer die Vermischung der Vorstellungen, etwa so: In dieser Welt wäre die Lage schrecklich, hier allein in Spindlermühle, überdies auf einem verlassenen Weg, auf dem man im Dunkel, im Schnee fortwährend ausgleitet, überdies ein sinnloser Weg ohne irdisches Ziel (zur Brücke? Warum dorthin? Außerdem habe ich sie nicht einmal erreicht.) ... unfähig, mit jemandem bekannt zu werden, unfähig, eine Bekanntschaft zu ertragen ... ich habe Liebende gern, aber ich kann nicht lieben, ich bin zu

> weit, bin ausgewiesen, habe, da ich doch Mensch bin und die Wurzeln Nahrung wollen, auch dort ‚unten' ... meine Vertreter, klägliche ungenügende Komödianten, die mir nur deshalb genügen können (freilich, sie genügen mir gar nicht und deshalb bin ich so verlassen), weil meine Hauptnahrung von anderen Wurzeln in anderer Luft kommt ..." (T., 29.1.1922, 353).

An diesem Beispiel wird ein Ausschnitt jener gleitenden Skala der Existenzmotive sichtbar („Brücke" – „Luftwurzeln" – Umkehrung der Bewertung von „unten" und „oben" – Motiv der anderen Nahrung), die fließend ineinander übergehen.

Die Unmöglichkeit, die Brückenfunktion zu erfüllen, wird mit anderen Worten auch in einem Brief an Brod konstatiert: „... Angst wovor? Vor so vielem, aber auf der irdischen Ebene vor allem Angst davor, daß ich nicht hinreiche, körperlich nicht, geistig nicht, die Last eines fremden Menschen zu tragen" (a.a.O., Januar 1921, 297).

Nun liegt das Mißlingen in der „Brücke" nicht allein an der Brücke, sondern mindestens ebensosehr an dem Verhalten des andern. Er vertraut sich der Brücke eben nicht an, er prüft sie mit der eisernen Spitze seines Stocks, er fügt mit seinen Füßen dem „Ich" unerträglichen Schmerz zu. Dadurch wird das „Ich" veranlaßt, sich ihm zuzuwenden. Dieser Versuch führt zur Katastrophe für beide.

Wer ist der andere? – die Frage nach seinem Wesen bleibt offen, aber diejenigen Merkmale, die wahrnehmbar sind, erinnern an das Bild des Vaters: der „Mannesschritt", der Stock als Attribut. Die Umkehrung des Dominanzverhältnisses entspricht dem inneren Vorgang des *Urteils* ebenso wie die Interdependenz im Untergang. Die Verwundung durch den Fuß hat ihre Parallele in einem Brief an Brod; darin vergleicht Kafka sich mit einem (fiktiven) Griechen im Kampf um Troja: „... Hekuba ist ihm natürlich nichts, aber auch Helena ist nicht entscheidend; so wie die andern Griechen, von Göttern gerufen, ausgefahren sind, und von Göttern beschützt, gekämpft haben, ist er infolge eines väterlichen Fußtritts ausgefahren und unter väterlichem Fluch hat er gekämpft; ein Glück, daß es noch andere Griechen gegeben hat, die Weltgeschichte wäre eingeschränkt geblieben auf zwei Zimmer der elterlichen Wohnung und die Türschwelle zwischen ihnen" (a.a.O., April 1921, 314).

Schließlich sei noch an die riesigen Sohlen des Vaters in der *Verwandlung* (s. o.) erinnert, die den Sohn bedrohen, der dann allerdings eine Wunde im Rücken vom Vater auf andere Weise empfängt als die „Brücke".

Daß die Vater-Imago in der *Brücke* sich in eine Folge hypothetischer Figuren auflöst („Ein Kind? Ein Traum? Ein Wegelagerer? ..."), könnte bedeuten: Das Bild des Vaters hat das Menschenbild des Sohnes derart überformt, daß die Kommunikation mit jedem beliebigen Menschen nach dem „Vorbild" der mißlungenen Kommunikation mit dem Vater scheitern muß.

2.5
„Der Kübelreiter"

Nach der maßgeblichen Datierung von Pasley u. Wagenbach ist der Text im Januar oder Februar des Jahres 1917 entstanden, kann also nicht, wie Brod meint, die allgemeine Kohlenknappheit des Winters 1917/18 zum Anlaß haben. Dies muß erwähnt werden, weil sich in der Sekundärliteratur immer noch realistische Deutungsansätze auf diesen vermeintlichen historischen Bezug berufen. Der seit 1914 in möblierten Zimmern wohnende Junggeselle Franz Kafka dürfte auch ohne allgemeine Kohlenknappheit das Erlebnis des kalten Zimmers gehabt haben. Im übrigen lassen Kafkas Tagebucheintragungen erkennen, daß er nicht an äußerer, sondern an innerer Kälte leidet. Wie er sich im Tagebuch von 1911 erinnert, hat er schon als Schüler in einem Roman, der vom Kampf zweier Brüder handelt, unter anderem den „Korridor des Gefängnisses beschrieben, vor allem seine Stille und Kälte" (T., 19. 1. 1911, 28). Als der Romanentwurf einem Onkel Kafkas vor Augen kommt und dieser ihn abfällig beurteilt, internalisiert Kafka dieses Urteil und verallgemeinert es:

> „... aus der Gesellschaft war ich tatsächlich mit einem Stoß vertrieben, das Urteil des Onkels wiederholte sich in mir mit schon fast wirklicher Bedeutung, und ich bekam selbst innerhalb des Familiengefühls einen Einblick in den kalten Raum unserer Welt, den ich mit einem Feuer wärmen müßte, das ich erst suchen wollte" (T., a. a. O., 29).

Die Suche nach der Wärme der menschlichen Gemeinschaft bildet also schon für den allenfalls siebzehnjährigen Kafka ein wesentliches existentielles (und poetisches) Motiv! Der Vierunddreißigjährige befindet sich immer noch erfolglos auf der Suche. Das einzige, was ihm immer wieder gelingt, ist die bildliche Darstellung des erfolglosen Suchens – z. B. in der Geschichte des Kübelreiters, der auf der Suche nach „Erfüllung" das Vakuum zu seinem Vehikel macht.

Für die Genese des Bildmotivs dürfte ein Traummotiv von Bedeutung sein. Kafka berichtet im Tagebuch von 1913:

> „Heute habe ich im Traum ein neues Verkehrsmittel für einen abschüssigen Park erfunden. Man nimmt einen Ast, der nicht sehr stark sein muß, stemmt ihn schief gegen den Boden, das eine Ende behält man in der Hand, setzt sich möglichst leicht darauf ... Es findet sich dann auch eine Möglichkeit, den Zweig zum Aufwärtsfahren zu verwenden. Der Hauptvorteil liegt, abgesehen von der Einfachheit der ganzen Vorrichtung darin, daß der Zweig dünn und beweglich wie er ist, ... überall durchkommt, wo selbst ein Mensch allein schwer durchkäme" (T., 21.7.1913, 194).

Das märchennahe Motiv des Fliegens, Durch-die-Luft-Laufens oder auch des Luftritts findet sich in den frühen Texten häufig. Hier sei nur auf die *Beschreibung eines Kampfes* (205 ff.), den *Ausflug ins Gebirge* (12) und den *Wunsch, Indianer zu werden* (19) verwiesen.

Im *Kübelreiter* kommt als neue Variante der leere Kohlenkübel hinzu. Erst die Leere macht ihn zum Reittier: „Mein Kübel ist schon so leer, daß ich auf ihm reiten kann" (195). Dennoch bleibt diese Qualität im Grunde ein Defizit: „Alle Vorzüge eines guten Reittieres hat mein Kübel; Widerstandskraft hat er nicht; zu leicht ist er" (196). Offenbar fällt auch das Gewicht des Reiters nicht „ins Gewicht". Kübel und Reiter sind in dieser Hinsicht nicht voneinander zu trennen. Es fehlt die lebensnotwendige Erdenschwere, ein Mangel, der den Kübelreiter in die Nähe etwa des Hungerkünstlers rückt. Beide Figuren sind mit einer Eigenschaft behaftet, die sie in Gegensatz zu allen anderen Menschen stellt und die einerseits als Vorzug erscheint, sich aber andererseits als existenzielles Manko entpuppt.

Das strukturelle Grundmuster des Textes ähnelt dem der *Brücke*, der *Kübelreiter* ist lediglich etwas umfangreicher und differenzierter untergliedert. Die erste Phase (1. Abschnitt) stellt die negative Ausgangssituation dar, aus der eine hypothetische

Handlungskonsequenz abgeleitet wird, die Rettung aus der Mangelsituation garantieren soll.

Der zweite Abschnitt bringt die – hier wörtlich zu verstehende – „aufsteigende Handlung".

Die folgende dritte Phase ist die umfangreichste. Sie hat den vergeblichen Versuch der Kontaktaufnahme mit dem Kohlenhändler zum Gegenstand, die durch die Frau verhindert wird. Die beiden letzten Abschnitte bilden gemeinsam die vierte und letzte Phase – die endgültige Vertreibung durch die Frau und den Aufstieg in die Regionen des Eisgebirges. Im Vergleich zu der *Brücke* oder auch zum *Urteil* ist die Wende von der aufsteigenden Handlung zum Scheitern nicht als punktuelle Peripetie ausgeprägt.

Im folgenden soll die Erzählung abschnittsweise analysiert werden, wobei sich aus der Analyse der dritten Phase eine Gesamtdeutung ergibt:

Erste Phase: Den Einsatz bildet eine – für Kafka eher ungewöhnliche – fast lyrische Zustandsschilderung: In satzlosen Kola werden sieben Bilder von sich steigernder Intensität impressionistisch hingeworfen. Die ersten drei Einheiten beziehen sich auf die nächsten und wichtigsten Details (Kohle, Kübel, Schaufel). Sie werden ohne Erklärung und Einordnung unverbunden und parataktisch nebeneinandergestellt, zusammengehalten nur durch die Parallelkonstruktion der prädikativen Elemente: „verbraucht-leer-sinnlos". Durch die Gleichsinnigkeit des Bedeutungsinhalts und durch die Spitzenstellung erhalten sie besonderes Gewicht. Als viertes Element wird ein weiterer Einzelgegenstand eingeführt, der Ofen. Insofern setzt sich die Serie fort, aber von der Konstruktion her beginnt hier die Ausweitung – in diesem Fall um ein Objekt („Kälte"), in den folgenden Elementen um zunehmend komplexere Adverbialien und Attribute.

Der Ofen nimmt von Bedeutung und Konstruktion her eine zentrale Stellung ein: Durch das Aktiv-Partizip wird er als einziges Reihenelement belebt, um nicht zu sagen: personifiziert. Aber seine „Tätigkeit" besteht paradoxerweise nur darin, die tödliche Kälte im Zimmer zu verbreiten. In den folgenden Reihenelementen führt die Ausweitung vom privaten Nahbereich (Zimmer) über den Bereich der Natur draußen (Bäume) ins Kosmische (Himmel). Der potentielle metaphysische Aspekt vom „Himmel" wird in dem Attributsatz „der von ihm Hilfe will" zwar angesprochen, aber es bleibt offen, ob dies zu Recht geschieht. Falls das Bild des Schildes so zu verstehen ist, daß er dem Hilfesuchenden von einem (ungenannten) Schildträger abwehrend entgegengehalten wird, verweist dies auf eine Gottesvorstellung, die mit dem Begriff des „Deus absconditus" noch viel zu euphemistisch umschrieben wäre. Im übrigen ist das Bild des Himmels hier perspektivisch aus der Sicht des Hilfesuchenden gesehen, also ist damit nicht gesagt, daß hinter dem Schild ein personales höheres Wesen existiert. Ja, es ist nicht einmal gesagt, daß überhaupt jemand tatsächlich dort Hilfe sucht: Der Relativsatz ist sinngemäß in einen Konditionalsatz transformierbar („falls jemand von ihm Hilfe will"). Der Kübelreiter jedenfalls geht von der Erbarmungslosigkeit von Ofen und Himmel aus und sucht Hilfe in der „Mitte" – beim Kohlenhändler.

An die Zustandsschilderung schließen sich hypothetische Überlegungen des Kübelreiters zur Bewältigung der Situation an. Ähnliche Reflexionen sind charakteristisch für die meisten Figuren Kafkas. Sie bilden scheinbar logische Schlußfolgerungen – zumindest von der sprachlichen Formulierung her (Gebrauch von logischen Partikeln wie „infolgedessen", „daher", Verwendung gängiger Argumentationsmuster wie Analogieschluß, Antizipation und Überwindung von Gegengründen). Aber trotz des siebenmal wiederholten beschwörenden „muß" bzw. „darf nicht", das der antizipierten Rettungsmethode Zwangsläufigkeit unterstellt, erweist sich die gedankliche Konstruktion als ganz haltlos gegenüber der unberechenbaren Realität. Trotzdem: Die Prämissen des Gedankengangs sind bemerkenswert: Der Kübelreiter besitzt keinerlei Gegenwert für den Kohlekauf, hat auch noch nie einen solchen bieten können („Gegen meine gewöhnlichen Bitten aber ist er schon abgestumpft"). Das Geschäft soll ein einseitiger Gnadenerweis des Kohlenhändlers sein, allerdings ein erzwungener. Der Kübelreiter glaubt die Begnadigung reflexartig auslösen zu können, indem er sich einem Offenbarungseid der totalen eigenen Nichtigkeit unterwirft.

Genaugenommen vermischen sich hier zwei völlig verschiedene Motive – ein moralisches, das sich aus der Bindung an das Gebot „Du sollst nicht töten" ergibt, und ein Machtmotiv: absolute Selbsterniedrigung („wie ein Bettler") und Unterwerfung des

Ich und Überhöhung des Kohlenhändlers zur höchsten Instanz („Sonne am Firmament"). Die Parallele zur Motivik der *Kaiserlichen Botschaft* läßt sich kaum übersehen: Das Bild der Sonne ist jeweils der Zentralfigur in der „Mitte" vorbehalten; ob es sich dabei um Kaiser oder Kohlenhändler handelt, scheint demgegenüber von untergeordneter Bedeutung zu sein. Der „Einzelne" (*Eine kaiserliche Botschaft*, 138) führt eine Schattenexistenz am Rande des konzentrischen Weltsystems. Er ist ausgeschlossen aus jeder Gemeinschaft. Die Gesamtheit der anderen erweist sich eher als hindernde Masse, als „Bodensatz" *(Kaiserliche Botschaft)*, der dem Boten kein Durchkommen erlaubt, bzw. als „längst versorgte" Kundschaft *(Kübelreiter)*, die es dem Kohlenhändler ermöglicht, „für Tage das Geschäft (zu) sperren" (196).

Die ersehnte Kommunikation zwischen dem Einzelnen und der Zentralfigur findet in beiden Fällen nicht statt, obwohl beide Partner sie wünschen. Ein Unterschied besteht lediglich in der Richtung der Initiative zur Kommunikation. Ein weiterer wesentlicher Differenzpunkt zeigt sich in der Natur der Hindernisse. Während in der *Kaiserlichen Botschaft* außer der unendlichen Menge der Menschen die unendliche räumliche Distanz eine Kommunikation verhindert, ist im *Kübelreiter* die Frau verantwortlich für das Scheitern. Auf dieses Motiv muß in späterem Zusammenhang eingegangen werden.

Zweite Phase: Zu Beginn geht die Antizipation unmerklich in die Realisierung über („Meine Auffahrt schon muß es entscheiden; ich reite deshalb auf dem Kübel hin..."). Ästhetisch positiv wertende Adjektive („schön, prächtig, ebenmäßig") bestimmen das Bild des Kübelritts. Der emotionalisierende wiederholte Ausruf „prächtig-prächtig" sprengt fast den Rahmen der Erzählhaltung. Ähnlich wie im vorhergehenden Abschnitt verwendet der Erzähler einen weit ausholenden epischen Vergleich („Kamele, niedrig am Boden hingelagert, steigen, sich schüttelnd unter dem Stock des Führers, nicht schöner auf"). Die ausladende doppelte Partizipialkonstruktion dieses Satzes in Zusammenhang mit dem Ansatz zu ebenmäßiger Rhythmisierung verleihen der Aussage eine fast hymnische Feierlichkeit. Wenn man von der natürlichen Koordinatensymbolik ausgeht, scheint das „außergewöhnlich hoch" schwebende Ich gegenüber dem „tief unten ... im Kellergewölbe kauernden" Kohlenhändler eine Position der Überlegenheit einzunehmen. Die Konstellation erinnert an die Konfrontation Georg Bendemanns mit dem Vater. Wie dort wird auch im *Kübelreiter* die Scheinhaftigkeit dieses Eindrucks sehr bald deutlich.

Schon die „übergroße Hitze" im Kellergewölbe (wie in den Dachböden des Gerichts im *Prozeß)* deutet darauf hin, daß der Kohlenhändler über die Fülle jener Wärme direkt verfügt, die dem Ich völlig fehlt. Der Keller als der dunkle Ort verborgener Vorräte erinnert an das *Magazin* der Tagebuchskizze vom 20.4.1917; diese merkwürdige, Fragment gebliebene Geschichte handelt von Hans und Amalia, den Kindern des „großen Fleischers bei der Brücke" (309) (der offensichtlich mit Hermann Kafka, dem großen Fleisch-Esser, verwandt ist). Hinter den trüben Fensterscheiben dieses kellerartigen Raumes wird undeutlich ein männliches Gesicht wahrnehmbar. Von innen werden die Scheiben plötzlich eingeschlagen, und ein Mann versucht, die Kinder ins Magazin zu locken. Über sein Aussehen und seine Identität wird nichts gesagt, aber seine Stimme „zischt so" (309) wie die des Vaters in der *Verwandlung*. Außerdem steht er in einem doppelsinnigen „Kundschafts"-Verhältnis zu dem „Vater". In das Magazin kann man nur durch eine Flucht von vielen hintereinandergeschalteten Türen gelangen. Insofern erinnert es an die Räumlichkeit der Parabel *Vor dem Gesetz*. Die äußerste „gleich unten am Erdboden befindliche Tür ... war die große Ofentüre" (308). Das heißt: Sowohl Lage wie Beschaffenheit verweisen auf die Gemeinsamkeit der Symbolräume von „Magazin" und „Kellergewölbe".

Dritte Phase: Nicht von ungefähr nennt der Kohlenhändler den letzten und schlechtesten aller seiner Kunden – ohne ihn direkt wahrzunehmen oder anzusprechen – „eine alte, eine sehr alte Kundschaft ... die mir so zum Herzen zu sprechen weiß" (196). Der Hinweis auf das besondere Alter der Beziehung und auf das „Herz" läßt erkennen, daß die Geschäftsbeziehung eine menschliche Beziehung symbolisiert, allerdings eine äußerst problematische, denn der Kohlenhändler nimmt den besonderen Charakter des Ansuchens nicht wahr und reagiert auf konventionelle, für den Kübelreiter nutzlose Weise mit einem Kaufangebot auf der Basis von materieller Leistung und Gegenleistung: „Dann nenn' ihm aber alle Sorten, die wir auf Lager haben; die Preise rufe ich dir nach“ (196). Darin liegt zumindest eine Parallele zu den Vorstellungen des Hermann Kafka von zwischenmenschlichen Beziehungen (jedenfalls in der Sicht des Sohnes). Eben zu einem solchen auf Gegenseitigkeit beruhenden „regelrechten Geschäftsverkehr“ (BB, September 1917, 167) sieht sich Franz Kafka nicht in der Lage: „... ich aber zahle nichts oder zumindest nicht den Menschen“ (a.a.O., 167).

Das Auffallendste an dieser Phase ist die indirekte Form der Kommunikation zwischen Kübelreiter und Kohlenhändler. Der Kübelreiter spricht direkt – erst in Richtung Kohlenhändler, schließlich zur Frau, aber er erhält keine direkte Antwort. Direkter Dialog findet nur zwischen dem Kohlenhändler und seiner Frau statt. Einen kurzen Anlauf des Kohlenhändlers, die Kellertreppe hinaufzusteigen, verhindert die Frau, die sich als Mittelsperson zwischen Kübelreiter und Kohlenhändler schiebt, ohne jedoch eine Vermittlung zu bewirken. Auch in dieser ungewöhnlichen Form der Nicht-Kommunikation schimmert das Urmuster der Kafkaschen Familiensituation durch. Im *Brief an den Vater* schildert Kafka, wie die Kommunikation zwischen Vater und Sohn zunehmend über die Mutter als Zwischenstation ablief:

> „Aufreizend waren auch jene Zurechtweisungen, wo man als dritte Person behandelt, also nicht einmal des bösen Ansprechens gewürdigt wurde; wo Du also etwa formell zur Mutter sprachst, aber eigentlich zu mir, der dabeisaß ... Das bekam dann sein Gegenbeispiel darin, daß ich zum Beispiel nicht wagte und später aus Gewohnheit gar nicht mehr daran dachte, Dich direkt zu fragen, wenn die Mutter dabei war. Es war dem Kind viel ungefährlicher, die neben Dir sitzende Mutter nach Dir auszufragen ...“ (a.a.O., 23).

Nach Kafkas Auffassung fungierte die Mutter aber nicht, wie sie es an sich beabsichtigte, als Vermittlerin, sondern trug nur dazu bei, die Kluft zwischen Vater und Sohn zu vergrößern.

> „Die Mutter hatte unbewußt die Rolle eines Treibers in der Jagd ... Oder es war so, daß die Mutter mich von Dir im Geheimen schützte, mir im Geheimen etwas gab, etwas erlaubte, dann war ich wieder vor Dir das lichtscheue Wesen, der Betrüger, der Schuldbewußte...“ (a.a.O., 25).

Selbst den *Brief an den Vater* wagte der sechsunddreißigjährige Sohn nicht direkt dem Vater zu übersenden, sondern wandte sich an die Mutter mit der Bitte, ihn zu übermitteln. Die Mutter lehnte es jedoch ab, den Brief weiterzugeben. Diese Vorstellung von der Funktion der Frau hat im Werk deutliche Spuren hinterlassen: Josef K. beispielsweise interessieren sowohl im *Prozeß* wie im *Schloß* nur Frauen, die in einer Beziehung zur Zentralinstanz stehen. Durch den Verkehr mit ihnen glaubt er eine Beziehung zu eben dieser Instanz herstellen zu können. Tatsächlich aber erweisen sich die Frauen, obwohl sie K. zunächst die Möglichkeit einer Vermittlung vorspiegeln, nachträglich als entscheidendes Hindernis.

So ist es im *Kübelreiter* die Frau, die die Tür des Geschäfts schließt. Dieser Moment wird als Höhepunkt buchstäblich „eingeläutet" durch das Abendläuten, das sich „sinnverwirrend" mit dem „Glockenklang" der Worte „Nicht gleich" (der Insolvenzerklärung des Kübelreiters) mischt. Damit ist – wie etwa mit dem „Fehlläuten der Nachtglocke" im *Landarzt* oder dem Trompetenstoß im *Aufbruch* – das Signal zum endgültigen Aufbruch ins Nichts gegeben. Das „nichts" bildet denn auch durch die sechsmalige Wiederholung das sprachliche Leitmotiv dieser Szene.

Vierte Phase: Die letzte, kürzeste Phase der Handlung umfaßt die „Ausweisung" des Kübelreiters in die „Regionen der Eisgebirge". Ein Wehen der „Frauenschürze" genügt, um dem Ich „die Beine vom Boden" zu jagen. Das Bild könnte entstanden sein durch Wörtlichnehmen und Umkehrung der Metapher vom „Schürzenjäger". Der Symbolvorgang erinnert weniger an die Beziehung Kafkas zur Mutter als an die Folgen seines fatalen Kontaktversuchs im Falle Felice Bauer. Dieser Versuch, ohne wirkliche Bereitschaft und Fähigkeit zu partnerschaftlicher Gegenleistung einen Platz im Leben zu gewinnen, brachte Kafka ja auch völlig aus dem ohnehin labilen Gleichgewicht und verschärfte schließlich nur noch das innere Exil des Junggesellen.

2.6
„Eine kaiserliche Botschaft"

2.6.1
Die Parabel und ihr Kontext

Kafka hat die *Kaiserliche Botschaft* zunächst als Teil eines umfassenderen Textes – *Beim Bau der Chinesischen Mauer* – konzipiert. Das Werk ist entstanden im März/April 1917; 1919 wurde es, losgelöst aus dem Zusammenhang der *Chinesischen Mauer*, in der Sammlung *Ein Landarzt* veröffentlicht.

So wie die „Legende" *Vor dem Gesetz* in den *Prozeß* ist die *Kaiserliche Botschaft* ursprünglich funktional als Gleichnis in den größeren Kontext eingebettet. Sie wird eingeleitet mit der Bemerkung: „Es gibt eine Sage, die dieses Verhältnis gut ausdrückt" (296). – Gemeint ist damit das Verhältnis zwischen Volk und Kaisertum. Auf den Schluß der „Sage" folgt der Kommentar: „Genau so, so hoffnungslos und hoffnungsvoll, sieht unser Volk den Kaiser. Es weiß nicht, welcher Kaiser regiert, und selbst über den Namen der Dynastie bestehen Zweifel" (296).

Durch diese Hinweise wird einerseits der Parabelcharakter der *Kaiserlichen Botschaft* betont, ihr „Realitätsbezug" aber selbst innerhalb des fiktionalen Rahmens relativiert („Sage"!). Damit stellt sich das allgemeine Relativitätsproblem der Kurztexte Kafkas, die strukturelle Parabelzüge aufweisen (z. B. *Kleine Fabel*, *Heimkehr* u. ä.), in besonderer Dringlichkeit: Beanspruchen Kafkas „Parabeln" Allgemeingültigkeit oder verstehen sie sich als kryptische Ich-Aussage? Es wäre verfrüht, hier schon eine Antwort geben zu wollen. Aber anhand der *Heimkehr* soll das Problem näher betrachtet werden. Nur soviel kann jetzt schon vorwegnehmend behauptet werden: Ein „fabula docet" im Sinne einer Rezeptmoral findet sich bei Kafka nirgends. Welche Wahrheit auch immer durch die Parabeln vermittelt werden soll, die Diagnose läuft immer auf eine unauflösliche Paradoxie hinaus – so auch in der *Kaiserlichen Botschaft.*

In einem Moment von besonderer Bedeutung wird von der Zentralinstanz eine offenbar unendlich wichtige Botschaft an einen unendlich nichtigen Untertan abgeschickt, obwohl klar sein muß, daß sie wegen der Unendlichkeit der Distanz nie ankommen kann. Die Paradoxie umfaßt aber nicht nur das Erzählte, sondern den Erzählvorgang selbst. Denn wer immer der Erzähler auch sein mag, er müßte – wenn seiner Erzählung irgendein Grad von Glaubwürdigkeit zukommen soll – die beiden Pole jener unendlichen Magnetlinie überschauen, zwischen denen laut Voraussetzung seiner Erzählung eine Verbindung unmöglich herstellbar ist. Schließlich wäre noch zu fragen, ob denn die Flucht „des jämmerlichen Einzelnen" nicht die gleiche Unendlichkeit überbrückt hat, die die Botschaft nicht überbrücken kann.

Bevor wir in die Detailanalyse der *Kaiserlichen Botschaft* eintreten, noch ein Wort zum Verhältnis „Sage" zum Gesamttext:

Das exemplarische Problem der Kommunikation zwischen dem Einzelnen und dem Kaiser potenziert sich im Gesamttext der *Chinesischen Mauer* zur Problematik der Kommunikation zwischen „Volk" und „Führung".

Der Erzähler gibt sich als „Mann vom Lande" zu erkennen, womit seine Verwandtschaft zur Hauptperson der Parabel *Vor dem Gesetz* deutlich wird. Wie Politzer mitteilt, soll nach hebräisch-jiddischer Tradition „Mann vom Lande" (jiddisch: „Amhorez") gleichbedeutend sein mit „unwissend in Leben und Lehre"; Politzer (a. a. O., 279) hat nachgewiesen, daß der Begriff Kafka bekannt war. Der Erzähler nun lebt nicht nur auf dem Lande, sondern – was seine Unwissenheit vergrößert – am Rande des Landes, so daß ihm, wie dem „Einzelnen" der Parabel, Kommunikation mit dem Zentrum, der Hauptstadt als Residenz des Kaisers und Sitz der Regierung, eigentlich unmöglich ist. Alles, was von dort in die äußersten Provinzen dringt, kann nur den Rang einer „Sage" haben. Trotzdem macht der „Mann vom Lande" Aussagen über die Zentralinstanz und ihr Verhältnis zum Volk:

Das Volk, dessen „Denken nur dem Kaiser" gilt (295), glaubt zwangsläufig jeweils an die Person eines Kaisers, der längst tot, ja dessen Dynastie ausgelöscht ist. Wenn aber ausnahmsweise, was höchstens „einmal in einem Menschenalter" geschieht (297), die Botschaft eines lebenden Kaisers das Dorf erreicht, so schenkt ihr niemand Glauben; man belächelt sie nur als die Botschaft eines längst Verstorbenen. „Wenn man aus solchen Erscheinungen folgern wollte, daß wir im Grunde gar keinen Kaiser haben, wäre man von der Wahrheit nicht weit entfernt" (298).

Der einzelne Kaiser ist im übrigen ein Mensch wie jeder andere, zudem umstellt und in seinen Wirkungsmöglichkeiten paralysiert durch den korrupten Hofstaat. Aber „das Kaisertum ist unsterblich" (295).

Trotz der sakralen Aura, die den Kaiser (durch die Anspielungen auf das chinesische Gottkaisertum) umgibt, ist das Kaisertum – ohne daß der Kaiser davon weiß – einer höheren „Führerschaft" untergeordnet. Diese Führerschaft bleibt völlig anonym und unzugänglich. Sie wirkt nicht durch äußeren Machtvollzug auf die Menschenwelt ein, sondern auf spirituelle Weise. Aber auch sie bildet nicht die höchste Instanz, denn sie ihrerseits empfängt – wenn auch nur „durch das Fenster" (292) – den „Abglanz der göttlichen Welten" (292). Damit wird angedeutet, daß (entsprechend dem Raummodell der unendlichen Türenfolge in *Vor dem Gesetz*) sich über der Führerschaft eine vermutlich als unendlich zu denkende Progression weiter hierarchisch geschichteten Instanzen aufbaut. Allerdings muß man bedenken, daß der Erzähler, dessen Blick laut Voraussetzung über die Dorfgrenzen kaum hinausreicht, seine Aussagen durch keinerlei glaubwürdige Quelle glaubhaft machen kann. Möglicherweise „erträumt" er (oder das Volk) sich diese Weltordnung nur – wie man das „Erträumen" am Schluß der *Kaiserlichen Botschaft* ja auch als bloßen Wunschtraum verstehen kann. Damit sind wir zum Ausgangspunkt dieses Exkurses zurückgekehrt und wenden uns nun der Analyse der *Kaiserlichen Botschaft* zu.

2.6.2 Individuelle Existenzaussage und überindividuelle Parabolik

Die *Kaiserliche Botschaft* spiegelt, modellhaft die Gesamtkonstruktion der Weltordnung, wie sie in dem umfassenden Text dargestellt wird. Aber in einem Punkt besteht eine Abweichung. Der „Einzelne" wird als gänzlich isoliert vom Volk dargestellt. Er ist vor dem Kaiser geflüchtet, obwohl er gänzlich auf die ersehnte Kommunikation mit ihm fixiert ist. Der Grund zur Flucht liegt im Gefühl der vollständigen Nichtigkeit als „jämmerlicher Untertan" (138). Diese Nichtswürdigkeit wird als Urgegebenheit angenommen – so wie die Zusammengehörigkeit und Unvereinbarkeit von „Sonne" und „Schatten". Die Analogie zum Muster der Kafkaschen Urerfahrung – der Beziehung zum Vater – läßt sich in mehreren Punkten nachweisen. Die Flucht in die fernste Ferne hat ihre Parallele: „ich ... verkroch mich vor Dir und wagte mich erst zu regen, wenn ich so weit von Dir entfernt war, daß deine Macht, wenigstens direkt, nicht mehr hinreichte." (BV, 22). Der „Schatten" hat seine Parallele in der „Lichtscheu" des Sohnes (a.a.O., 25). Der Sohn Kafka fühlt sich als „jämmerlicher Untertan" des tyrannischen Vaters, der aus „seinem Lehnstuhl die Welt regiert" (a.a.O., 17). Daß der Kaiser erst im Sterben die Botschaft absendet, ist aus der Parabel heraus nicht recht erklärbar. Die Vorstellung dürfte zurückgehen auf Kafkas persönliche Einstellung zu seinem Vater: „Dem Vater, der auf dem Boden liegt, kann ich mich fügen. (Täte es ja auch gern dem Aufrechtstehenden gegenüber, darf es aber nicht)" (BB, November 1917, 192). Um den geheimen Ich-Bezug dieser äußerlich so unpersönlichen Parabel zu unterstreichen, sei auf Kafkas Beschäftigung mit chinesischer Literatur in dieser Lebensphase und auf verschiedentliche Selbst-Identifizierung mit chinesischen Figuren in den Briefen an Felice Bauer hingewiesen, z.B. „... im Grunde bin ich ja Chinese und fahre nachhause..." (BF, Mai 1916, 657).

So notwendig das hier angewandte biographische Röntgenverfahren ist, um die Verwurzelung des Werks im Leben und um die verborgenen Konstanten im Gesamtwerk sichtbar zu machen, reicht es nicht aus zum Verständnis der Aussage und erst recht nicht der ästhetischen Struktur des Texts.

Zur Aussage: Zwar ist der Text lesbar als subjektive Ich-Aussage (und darin liegt seine Gemeinsamkeit mit Texten wie *Ein Traum* oder *Die Brücke*), aber gerade im Blick auf den Gesamtzusammenhang der *Chinesischen Mauer* erkennt man, daß das individuelle Erfahrungsmuster hier ausgeweitet wird zu einem Welterklärungsmodell. Wesentliche Elemente dieses Modells, die sich auch in anderen parabolischen Texten wie *Vor dem Gesetz*, *Auf der Galerie*, *Heimkehr* u.ä. zum Teil wiederfinden, sind: Unmöglichkeit jeder existentiellen Kommunikation des Einzelnen mit der Zentralinstanz (obwohl dies der einzige Weg zur Existenzerfüllung zu sein scheint). Damit steht die allgemeine Beziehungslosigkeit des Ich – als sekundäres Phänomen – in Zusammenhang. Menschen erscheinen als hinderliche „Menge" oder wie in *Auf der Galerie* als unermüdlich-brutales Publikum.

Die paradoxe Beziehung zwischen dem Individuum und der Zentralfigur, in der es den Fluchtpunkt seiner Existenz sieht, scheint eingebettet in ein prinzipiell unüberschaubares Weltsystem. Die raum-zeitliche Unendlichkeit der Welt der *Kaiserlichen Botschaft* weitet sich in der *Chinesischen Mauer* aus zu einer perspektivischen Unendlichkeit der Weltinstanzen. Die Sicht bzw. die Erkenntnisfähigkeit des Individuums ist derart begrenzt, daß alle seine Aussagen über die Verfassung der Außenwelt als zweifelhafte „Sage" zu werten sind. Über den Wahrheitswert der Sage äußert sich Kafka in der Prometheusparabel: „Die Sage versucht das Unerklärliche zu erklären. Da sie aus einem Wahrheitsgrund kommt, muß sie wieder im Unerklärlichen enden" (306).

2.6.3
Zur ästhetischen Struktur

Das eigentliche Faszinierende an der *Kaiserlichen Botschaft* besteht in der vollkommenen ästhetischen Umsetzung der Aussage auf verschiedenen Strukturebenen.

Die Raumstruktur ist bestimmt durch Konzentrik. Wie der Kohlenhändler im *Kübelreiter* oder der Zirkusdirektor in der *Galerie* befindet sich die Zentralfigur – der sterbende Kaiser – offensichtlich in der Mitte des Handlungsraumes. Schon das Bild der „Sonne" als des Zentralgestirns im Planetensystem weist indirekt in diese Richtung. Der Eindruck konkretisiert sich, wenn es heißt: „auf den weit und hoch sich schwingenden Freitreppen stehen im Ring die Großen des Reichs" (138). Der Botenlauf in zentrifugaler Richtung hin zur äußersten Peripherie führt zu den umgebenden Ringen – zunächst zum Bereich des innersten Palasts; darauf folgen die Höfe. Diese umgibt „der zweite umschließende Palast". Diese umgeben in endloser Folge sich reproduzierende Sequenzen von Treppen, Höfen, Palästen. Dies alles bildet offenbar nur den Mittelpunkt der umgebenden Residenzstadt. Die Residenzstadt ihrerseits stellt die Mitte des Reichs und letztlich sogar „die Mitte der Welt" (139) dar.

Der Ort des „Einzelnen" liegt auf der äußersten Peripherielinie der „fernsten Ferne" (138). Eine Rückbewegung zum Zentrum hin erscheint ebenso undenkbar wie eine weitere zentrifugale Flucht. Wenn für das „Du" überhaupt noch eine Bewegungsrichtung in Frage käme, wäre es das endlose Kreisen in gleichbleibender Bahnentfernung vom Mittelpunkt. In *Auf der Galerie*, jener Parabel, die der *Kaiserlichen Botschaft* von der Entstehungszeit und der Motivik her sehr nahe steht, hat Kafka die Bewegung des

Kreisens zum zentralen Motiv gemacht. Hier sei schon vorweg auf die weiter unten vorgenommene Deutung der Kreissymbolik verwiesen.

Eine Kreisfigur, wenn die Metapher hier erlaubt ist, beschreibt gewissermaßen auch die Stimmungskurve. Bis zur genauen quantitativen Mitte der Parabel führt die aufsteigende Bewegung. Mit dem Satz „er kommt auch leicht vorwärts, wie kein anderer" (138) ist der Scheitelpunkt erreicht. Mit dem ersten „Aber" – dieses Gegensatzadverb wird in der zweiten Hälfte noch dreimal wiederholt – beginnt die rückläufige Bewegung der Kurve. Es mutet schon fast unwahrscheinlich an, mit welcher geometrischen Genauigkeit der Peripetiepunkt hier in die Mitte des Texts gerückt ist: Der „Vorlauf" umfaßt 161 Wörter, der „Rücklauf" 158 Wörter. Ja, zieht man die im Grunde als Trägersatz über der gesamten Parabel stehende erste Parenthese („so heißt es –") ab, ergibt sich ein absolutes quantitatives Gleichgewicht. Sicher hat Kafka keine Wörter gezählt, als er diesen Text konzipiert hat, aber der Befund ist einer von vielen Beweisen für seinen ausgeprägten architektonischen Sinn.

Weitgeschwungene und miteinander korrespondierende Architektur bestimmt auch die Konstruktion der beiden monumentalen Sätze, die im Bild der ersten Texthälfte dominieren: Es handelt sich um die beiden im Druckbild durch Parenthesen gekennzeichneten Sätze (1. Satz: „Der Kaiser...", 4. Satz; „Und vor der ganzen Zuschauerschaft..."). Beide umfassen jeweils (!) 36 Wörter. Trotz dieses Umfangs enthalten beide keinen einzigen Gliedsatz, wohl aber eine jeweils nach dem ersten Satzglied eingeschobene Parenthese, die einen starken Stau im Spannungsbogen ergibt. Im ersten Satz wird der „Aufast" des Spannungsbogens durch eine Kette von drei Appositionen zu „Dir" (die die Nichtigkeit des „Du" in einer Klimax vertiefen sollen) gegliedert. Den Gipfelpunkt des Spannungsbogens bildet in beiden Fällen je eine Wiederaufnahme (1. „hat Dir – gerade Dir", 2. „Und vor der ganzen Zuschauerschaft – vor allen diesen"). Im vierten Satz wird die Spannung nicht durch die Folge von Appositionen bis zum Gipfel aufgestaut, sondern durch die viel längere und in sich gegliederte Parenthese. Bemerkenswerterweise stehen beide Parenthesen im Präsens (abweichend von der Perfekt-Umgebung). Im zweiten Fall ist das vom konkreten Sinn- und Tempuszusammenhang her nicht angebracht; vielleicht ist der Übergang ins Präsens durch die Tendenz des gesamten Textes zur Zeitlosigkeit bzw. Überzeitlichkeit hervorgerufen, der in der zweiten Hälfte des Textes deutlich zum Ausdruck kommt.

Der zweite Teil des Texts besteht vorwiegend in dem Botenlauf, der im Irrealis wiedergegeben wird, da er ja nicht wirklich zum Ziel führen kann. Auf der anderen Seite wird die Realität der Hindernisse durch den Indikativ unterstrichen. Negationen wie „niemals, nichts, kein" bilden den semantischen Tenor der Passage – gemeinsam mit Gegensatzpartikeln wie „aber statt dessen" (wenn Wunschtraum und Wirklichkeit kontrastiert werden). Die Sätze sind meist kurz, meist parallel konstruiert, z.T. werden sie wörtlich wiederholt („und gelänge ihm dies, nichts wäre gewonnen"). Durch diese Stilelemente werden sowohl die unablässigen Wiederholungen in den Bemühungen des Boten wie ihre Erfolglosigkeit gespiegelt. Weitgehend werden die Kurzsätze nicht durch Punkt, sondern durch das weniger einschneidende Semikolon voneinander abgesetzt, d.h. im Grunde gegen ihre grammatische Natur aneinandergerückt, um endlose Kontinuität der erfolglosen Bemühungen anzudeuten.

Die ganze Sequenz kulminiert in dem drittletzten Satz („und stürzte er endlich..."). Sein Bau erinnert durch die umfangreichere Architektur, vor allem durch die Parenthese an die beiden oben analysierten Sätze des ersten Teils. Mit dem Vordersatz wird die Darstellung des Irrealen zu Ende geführt und durch die Wiederholung der Negation „niemals" in Verbindung mit dem – ungrammatisch und schroff eingeführten – Indikativ die unüberwindliche Realität in den Vordergrund gestellt. Das im folgenden Satz zur Bekräftigung nachgeschobene Argument „... und gar mit der Botschaft eines Toten" zeigt noch einmal deutlich, daß hier nicht Logik, sondern Psycho-Logik gilt, denn logisch betrachtet ist die Unmöglichkeit des Durchkommens ja nicht bedingt durch die Lebensumstände des Absenders der Botschaft.

2.7
„Auf der Galerie“

2.7.1
Zur Struktur

Der Text ist ungefähr zur gleichen Zeit wie die *Kaiserliche Botschaft* entstanden (Winter 1916/17). Unter allen „Parabeln“ Kafkas ist *Auf der Galerie* vielleicht die bekannteste. Der Text fehlt in kaum einem Lesebuch der Klasse 10 oder 11. Von Rezeptionsforschern wird er geradezu als literarischer Rorschachtest verwendet, um unterschiedliche Rezeptionsmöglichkeiten bei gleichem Gegenstand zu ermitteln und zu demonstrieren. Gerade darum wollen wir uns, bevor wir uns auf die heikle Sinnfrage einlassen, dem einigermaßen eindeutig Beschreibbaren, der Struktur, zuwenden: Ähnlich wie die *Kaiserliche Botschaft* hat *Auf der Galerie* einen ausgeprägt architektonischen Bau: Das gleiche Geschehen wird in zwei außerordentlich langen und in der Makrostruktur einander sehr ähnlichen Sätzen gegensätzlich dargestellt: Beide „Gesamtsätze“ bestehen aus je einem umfangreichen, syntaktisch untergeordneten Vordersatz (– einem Konditionalsatz im ersten und einem Kausalsatz im zweiten Fall –), auf den jeweils ein kurzer Hauptsatz folgt. Der erste Vordersatz umfaßt knapp 10 Zeilen, der zweite 19 Zeilen. Die beiden Hauptsätze nehmen nur zweieinhalb bis drei Zeilen in Anspruch (1. Hauptsatz: 28 Wörter, 2. Hauptsatz: 27 Wörter). Es erübrigt sich fast, darauf hinzuweisen, daß die Analogie der Sätze auch die Anordnung der Inhalte einschließt. Unterschiede zwischen den beiden analogen Teilen bestehen im Gesamtumfang, im durchgehenden Modus (Irrealis der Gegenwart/Indikativ der Gegenwart) und in der Mikrostruktur der Vordersätze. Der erste Vordersatz besteht formal-grammatisch gesehen aus zwei gleichrangigen und gleichartigen Gliedsätzen („Wenn ... und wenn“), an die sich jeweils nachgestellte Partizipialkonstruktionen anschließen. Die zweite Partizipialkonstruktion schließt einen untergeordneten Attributsatz ein. Insgesamt werden im ersten Satz 10 Partizipien I verwendet, welche den Charakter der zeitlichen Unbegrenztheit unterstützen, der ja auch einen wesentlichen Aussageinhalt bildet (semantische Indizien: „unermüdlich“, „ohne Unterbrechung“, „monatelang“, „nichtaussetzend“, „die immerfort weiter sich öffnende ... Zukunft", „fortsetzen", „immer"). Der Satzrhythmus spiegelt akustisch – bedingt durch das Fehlen sistierender Prädikate im Vordersatz – die Endlos-Bewegung des Kreisens. Ein gewisses gleichmäßiges Schwingen ergibt sich durch die auffallende Folge gleichgebauter präpositionaler Adverbialien („in ... auf ... vor ... vom ..." usw.). Im bewußten Kontrast dazu bestimmen den Charakter des kurzen Hauptsatzes die dicht aufeinanderfolgenden Prädikate „eilte hinab, stürzte ... riefe", vor allem aber der wörtliche Ausruf „Halt!", der ja als Imperativ zu verstehen ist.

Die Kreisbewegung hat bei Kafka, wo immer sie auftritt, den Sinn des existenziellen Kreisens, des Nicht-Vorankommens, der Nicht-Entwicklung. Erinnert sei an die 1920 entstandene Parabel *Der Kreisel* (320): Ein „Philosoph" ist derart fasziniert von dem Spielzeug der Kinder (!), daß er sich immer auf Kinderspielplätzen „herumtreibt" und sich mit keinem anderen Problem beschäftigt als mit „dem sich drehenden Kreisel" (320). Die Pointe besteht darin, daß der „Philosoph", verjagt vom Geschrei der Kinder, „taumelte wie ein Kreisel unter einer ungeschickten Peitsche" (320). Kreisbewegung, „taumeln" und „Peitsche" haben Entsprechungen im ersten Teil von *Auf der Galerie*, sind sich hier allerdings nicht auf den betrachtenden „Philosophen", dessen Analogiefigur der „junge Galeriebesucher" bildet, sondern sind der Situation der „Kunstreiterin" zugeordnet. Darauf wird später zurückzukommen sein. Kafka bezieht an anderen Stellen den Kreisel auf sich selbst, so in einem Brief an Felice: „... dieser schreckliche Kreisel in mir wird wieder in Gang gebracht sein" (a.a.O., 30.8.1913, 458).

Auf die Affinität der Kreisbewegung zur konzentrischen Raumstruktur und auf die Verwandtschaft zur *Kaiserlichen Botschaft* ist schon an früherer Stelle hingewiesen worden.

Der Vordersatz des zweiten Gesamtsatzes unterscheidet sich von dem ersten Vordersatz durch die Länge, die die Wiederaufnahme am Schluß („da dies so ist") mitbedingt, vor allem aber durch die Häufigkeit der finiten Verben (3 im ersten Vordersatz gegen 21 im zweiten), die fünf Gliedsätzen gleichen Ranges zugeordnet werden. Die Fülle der Verben spiegelt die Lebhaftigkeit der fast impressionistisch farbig geschilderten Aktion. „Farbe" bestimmt auch im wörtlichen Sinne das Bild der „schönen Dame": „weiß und rot" ... auf einem „Apfelschimmel", während der erste

Teil – abgesehen von dem metaphorischen „Grau“ der Zukunft – ganz ohne Farbe bleibt. Der Rhythmus dieser Passage ist bestimmt durch die vielen Zäsuren, die – von Kafka graphisch unterstrichen durch die von der üblichen Interpunktionsbedeutung abweichenden vielen Semikola – den Eindruck von tempogeladenen, vielfältigen Einzelbewegungen vermitteln (im Gegensatz zu der zyklischen Monotonie des ersten Teils). Dementsprechend nimmt die Dichte der „schwebenden“ Partizipien I erheblich ab (1. Satz 10 Partizipien I auf 13 Zeilen, 2. Satz 6 bzw. 7 Partizipien I auf 22 Zeilen).

2.7.2
Erzählstruktur und paradoxe Kommunikation

Stärker als bei irgendeinem anderen Text Kafkas wird der sinnsuchende Leser durch die Erzählstruktur verwirrt: Offenbar ein und derselbe implizite Erzähler schildert ein und denselben Vorgang zweimal – und zwar in ganz unterschiedlicher Weise. Die bei Kafka so häufig zu konstatierende Paradoxie liegt hier nicht innerhalb der Ebene des erzählten Vorgangs, sondern im erzählerischen Kommunikationsakt selbst. Vor allem widerspricht die verbale Versicherung des Erzählers, das erste Bild sei irreal, das zweite dagegen entspreche der Realität, ganz entschieden dem Gefühl des Lesers, der durch die Art der Darstellung (d.h. im Sinne der Kommunikationstheorie: durch die „analoge“ Kommunikation) veranlaßt wird, die erste Sicht als „Wahrheit“, die zweite als „Trug“ zu werten. Die Erzählstruktur entspricht also dem klassischen Fall der „paradoxen Kommunikation“ im Sinne Watzlawicks (Watzlawick u.a., 171). – Soweit unsere These. Die folgende Detailuntersuchung gilt zunächst der „digitalen“ Aussage des zweiten Bildes (beginnend mit „Da es aber nicht so ist ...“): Der Erzähler verwendet für die Aussage des zweiten Satzes (fast) durchgehend den Indikativ und betont überdies durch den Inhalt des Rahmens „Da es aber nicht so ist ... da dies so ist“ die Adäquatheit der Aussage zur Wirklichkeit. Diese Wirklichkeit nimmt sich wie die beste aller denkbaren Zirkuswelten aus. Hier seien der Kürze halber nur Leitwörter wie „schön“, „geliebte“, „hingebungsvoll“, „Glück“ stichwortartig genannt. Dementsprechend wird denn auch der erste Teil durch den Erzähleinsatz (vgl. o.) und den (fast) durchgehenden Irrealis als bloße subjektive Annahme und damit als Nichtrealität gekennzeichnet – so irreal wie das monatelang ohne Unterbrechung und in alle Zukunft sich fortsetzende Kreisen der Kunstreiterin ja auch nur aufgefaßt werden kann. Daß innerhalb dieser Alptraumszene ein „Galeriebesucher“ (allerdings nur „vielleicht“) verbal Protest erhebt, obwohl er vermutlich damit nichts bewirken könnte, ist verständlich. Schwer verständlich jedoch bleibt, warum kein Mensch aus dem Publikum – streng genommen gibt es hier allerdings keine menschliche Person, sondern nur „Dampfhammer-Hände“ – mitprotestiert. Vollends unbegreiflich aber muß es anmuten, daß im zweiten Teil, angesichts der herrlichen Realität jener gleiche Galeriebesucher mit einer Gebärde abgründiger Resignation das Gesicht auf die Brüstung legt (– um nichts mehr sehen zu müssen). Wenn er „im Schlußmarsch wie in einem schweren Traum“ versinkt, wird die Realität des Schlußmarsches (und damit logischerweise des Gesamtvorgangs) zwar nur subjektiv (vom Galeriebesucher aus) und nur per Vergleich (vom Erzähler aus) zum Traum relativiert. Ja, „ohne es zu wissen“ besagt darüber hinaus, daß der Galeriebesucher selbst in diesen unbewußten Traum- bzw. Dämmerzustand einbezogen wird. Warum weint er? Weil er aus irgendeinem unbekannten Grund von dem Glück, das die Dame „mit dem ganzen Zirkus teilen will“, ausgeschlossen ist? Weil die Unangreifbarkeit der schönen Zirkuswelt keinen Protest zuläßt, oder er sich selbst in dieser Situation zum Protestieren unfähig fühlt? Vielleicht sogar, wei es ihm unmöglich ist, gegen das Glück der andern zu protestieren, von dem er ausgeschlossen ist? Schließlich ist zu bedenken, daß alle diese möglichen Antworten sich gegenseitig nicht ausschließen, sondern miteinander verbinden lassen.

An dieser Stelle muß das Verhältnis des impliziten Erzählers zu dem „jungen Galeriebesucher“ bestimmt werden. Um es kurz zu sagen: Der Erzähler ist nicht voll identisch mit dem Galeriebesucher, aber er steht ihm vom räumlichen point of view her sehr nahe. „Vielleicht eilte … hinab“ kann nur sagen, wer oben auf der Galerie (unsichtbar) neben dem Galeriebesucher steht. Sein Weinen zu bemerken (trotz des auf die Brüstung gesenkten Gesichts!) vermag nur, wer ihm sozusagen von innen her zuschaut. Dies gilt erst recht für den „schweren Traum“. Schließlich muß in diesem Zusammenhang der Titel angeführt werden. An sich hätte man als Titel eher einen Hinweis auf den Vorgang im Zentrum erwartet – statt auf die Peripherie. Dies ergibt nur einen Sinn, wenn die Peripherie als perspektivischer Erzählerstandort aufgefaßt ist. Im übrigen sind, wie schon oben gezeigt, die Identifikationsfiguren vieler Kafka-Texte an irgendeinem Punkt der Peripherie angesiedelt (z. B. der Träumer der *Kaiserlichen Botschaft*).

Wenn also der Erzähler dem Galeriebesucher äußerlich und innerlich derart nahesteht, sollte unter diesem Aspekt noch einmal überprüft werden, ob seine Sicht der Realität (des zweiten Teiles) eine Erklärung für das Verhalten des Galeriebesuchers am Schluß der Parabel bietet: Wir hatten schon bemerkt, daß der unterschiedliche Modusgebrauch in Teil 1 und Teil 2 jeweils fast über die gesamte Erstreckung durchgehalten wird. Aber es gibt in jedem Teil eine Abweichung – und zwar jeweils an der Stelle, wo der Erzähler seine eigene Wertung durch einen entsprechend gefärbten Vergleich verrät: „Hände, die eigentlich Dampfhämmer sind" – der Indikativ, der von dem irrealen Kontext scharf absticht, und das „eigentlich" machen diese Aussage zu einer Wesensbestimmung; wollte man die Aussage als „wie"-Vergleich formulieren, müßte man strenggenommen sagen: „Dampfhämmer, die wie Hände erscheinen". Mit diesem „eigentlich" ist zumindest in einem Punkt die Ebene der irrealen Annahme durchbrochen. Zumindest für diesen Punkt gibt der Erzähler zu erkennen, daß in seinen Augen die Annahme der Realität entspricht. Dem Leser bleibt der Zweifel, ob dies denn nur für *ein* Element der Grundmenge gelten soll.

Im zweiten Teil durchbricht der Erzähler mit dem illustrierenden und das Verhalten des Direktors als scheinhaft decouvrierenden Vergleich „als wäre sie seine über alles geliebte Enkelin" die Kette der Indikative durch einen Irrealis. Spätestens von dieser Stelle an kann der aufmerksame Leser nicht umhin, sich den „bösen Blick" und die Ironie des impliziten Erzählers zu eigen zu machen und Selbstüberwindung, Bewunderung, Besorgnis und Huldigung des Direktors ebenso als billiges Theater zu durchschauen wie das angebliche Glück der schönen Dame. Diesen Effekt ermöglichen – pauschal gesagt – einerseits die Darstellung der Verhaltensweisen (mit „offenem Munde", „mit englischen Ausrufen"), die dem Publikum einen Routinevorgang, der sich immerfort wiederholt, als einmaliges Abenteuer erscheinen lassen sollen, zum andern die hyperbolische Verwendung affektiv-wertender Wörter („hingebungsvoll“, „geliebte“, „Selbstüberwindung“ usw.) und deren Kontrast in der „Tierhaltung“ des Direktors.

Aus dieser Sicht gewinnt das „so“ der abschließenden Zusammenfassung („da dies so ist“) eine bemerkenswerte Doppelbödigkeit: Gewiß bekräftigt es den Status der Realität, schließt aber die Entwertung der Realität als allgemeiner Täuschung mit ein. Als einziger durchschaut der Galeriebesucher die Scheinhaftigkeit dieser Welt. Theoretisch wäre auch eine ganz andere Reaktion auf diese Erkenntnis denkbar, etwa Stolz, als einziger den Schleier der Maja gehoben zu haben. Aber ein derartiges Gefühl scheint ihm fremd zu sein. Offenbar befriedigt es ihn nicht, etwa im Sinne der Schopenhauerschen Philosophie aus dem endlosen Weltgetriebe auszusteigen und sich durch künstlerische Objektivation davon zu distanzieren.

Kafka hat selbst mehrfach klargestellt, daß er keinesfalls ein gläubiger Jude war – ebenso wie sein Vater, der religiöse Dinge nur als gesellschaftliche Formalitäten betrachtete. Die Erlösungsgewißheit des Christentums war ihm gewiß völlig fremd. Er hat sich jedoch gerade in den Monaten vor der Entstehung von *Auf der Galerie* und der *Kaiserlichen Botschaft* intensiv mit religiösen Fragen befaßt. Aber sein Bibelstudium erbringt ihm keine akzeptable Gottesidee. Seine Lektüre führt zu der Quintessenz: Gäbe es den Gott der Bibel, so wäre es ein grausamer, ungerechter Gott: „Wüten Gottes gegen die Menschenfamilie“ (im Paradies) „... das unbegründete Verbot ... die Bevorzugung Kains, den er durch die Ansprache noch reizt“ (T., 19.6.1916, 313). „... Bibel aufgeschlagen. Von den ungerechten Richtern. Finde also meine Meinung oder wenigstens die Meinung, die ich in mir bisher vorgefunden habe. Übrigens hat es keine Bedeutung, ich werde in solchen Dingen niemals sichtbar gelenkt, vor mir flattern nicht die Blätter der Bibel“ (T., 16.9.1915, 298).

Wenn die Zentralfigur in *Auf der Galerie* religiösen Charakter haben sollte, dann könnte es sich nur um bildhafte Umsetzung des Protestes gegen die Idee eines unbarmherzigen, „wütenden“ Gottes handeln, die Kafka im Alten Testament zu finden glaubt. Daß diese Gestalt weniger der Bibel als dem eigenen Vaterbild nachempfunden ist, deutet z.B. die auffällige Darstellung, „... in

Tierhaltung ..." an. Damit rückt er in die Nähe des ebenfalls mit tierischen Attributen ausgestatteten Vaters der *Verwandlung*. Das nicht minder befremdliche „Entgegenatmen" verweist auf die bei Kafka durchgehende polare Symbolik von Atem als Ausdruck des Lebens und der Lungenkrankheit als Ausdruck der Lebensschwäche, die Kafka bei sich selbst konstatiert und die bei einer Reihe von Identifikationsfiguren eine wichtige Rolle spielt.

Im Gegensatz zu der „oben" befindlichen Kunstreiterin (vgl. dazu den *Kübelreiter*) steht der Direktor „unten", also fest im Leben; ja er ist innerhalb dieses Systems der Verursacher aller Bewegung und damit allen Lebens. In diesem Aspekt berühren sich wiederum potentiell Vaterbild und das Bild eines transzendenten Schöpfers. Kafka selbst hat die mögliche Beziehung zwischen transzendental ausgerichtetem Gottesglauben und weltimmanentem „Vaterglauben" gesehen und letzteren als primär gewertet: „Dem Tod also würde ich mich anvertrauen. Rest eines Glaubens. Rückkehr zum Vater. Großer Versöhnungstag" (T., 28.9.1917, 333). In der gleichen Eintragung betont Kafka die Immanenz der obersten Instanz:

> „... Wenn ich mich auf mein Endziel hin prüfe, so ergibt sich, daß ich nicht eigentlich danach strebe, ein guter Mensch zu werden und einem höchsten Gericht zu entsprechen, sondern, sehr gegensätzlich, die ganze Menschen- und Tiergemeinschaft zu überblicken ... Zusammengefaßt kommt es mir also nur auf das Menschengericht an, und dieses will ich überdies betrügen, allerdings ohne Betrug" (a.a.O., 333).

Wenn Kafka „Gott" sagt, was in den Werken fast nie, im Tagebuch äußerst selten und lediglich in den Briefen an Felice Bauer mehrfach geschieht, so ist daraus nie abzulesen, daß er an einen transzendenten Gott glaubt, wohingegen Kafka öfter betont, er sei „fremd dem Glauben" (BB, Juli 1922, 401). Nur an einer Stelle im Tagebuch spricht Kafka in einem bekenntnishaften Tone (jedoch im Irrealis) von „Gott": „So wenig ich sein mag, niemand ist hier, der Verständnis für mich im ganzen hat. Einen haben, der dieses Verständnis hat, etwa eine Frau, das hieße Halt auf allen Seiten haben, Gott haben" (T., 4.5.1915, 296). So ist es auch zu verstehen, daß die Gebete des „Beters" (*Gespräch mit dem Beter*, 189, entstanden 1909) nicht an Gott, sondern an die Mitmenschheit gerichtet sind.

2.7.3
Sinnpotential und „innerer" Kontext

Man pflegt *Auf der Galerie* als Paradigma der „offenen" Parabel Kafkas anzuführen – und dies sicher zu Recht. Das heißt aber nicht, daß sie undeutbar sei, weil eine Parabel-Lehre nicht ausgesprochen wird und nicht abgeleitet werden kann. Entsprechend dem ersten Axiom der Kommunikationstheorie bei Watzlawick („Man kann nicht nicht kommunizieren", a.a.O., 68) wäre allein schon die Tatsache der Offenheit als Botschaft zu werten (– es sei denn, man würde sie als schlichtes dichterisches Defizit abtun, was sich angesichts der hochgradigen Strukturiertheit des Textes verbietet). Im übrigen muß man zwei Rezeptionsweisen unterschieden, die den Grad der Offenheit wesentlich mitbestimmen: Wer den Text isoliert rezipiert und nur „werkimmanent" interpretiert, wird weit mehr offen lassen müssen als derjenige, der durch Einbezug von Kontext den Text aus dem Vorstellungshorizont Kafkas zu sehen versucht. Im folgenden wollen wir einiges von dem latenten Sinnpotential des Texts sichtbar machen, indem wir den ideellen Kontext heranziehen: Die tiefenpsychische Herkunft gewisser Inhalts- und Strukturelemente fördert der Vergleich mit authentischem Traummaterial aus dem Jahre 1911 (von Kafka im Tagebuch aufgezeichnet) zutage; dabei spielen die „Galerie" und „ein Mädchen, das eine Hosenrolle spielte" eine bemerkenswerte Rolle: „9. November. Vorgestern geträumt: Lauter Theater. Ich einmal oben auf der Galerie, einmal auf der Bühne, ein Mädchen, das ich vor ein paar Monaten gern gehabt hatte, spielte mit ... das eine Hosenrolle spielte" (a.a.O., 96). Im Traum erweitert sich die Kulisse zu Kafkas realem Prager Lebensraum, zur „schönsten Dekoration der ganzen Erde und aller Zeiten" (96), wobei durch „Drehungen und langsame Schwankungen des Bühnenbodens" ein Totalüberblick geboten wird, der in der Realität nicht möglich ist. – Es sei dem Leser überlassen, festzustellen, wieviele Motive des Texts *Auf der Galerie* hier schon in anderer Kombination vereint sind. Gegen Schluß des Traums kommt das Pferdemotiv hinzu – wenn auch in undeutlicher Form: Die „bunten Wagen" des „kaiserlichen (!) Fests" (97) werden „von den Pferden ... im Bogen ... zum Schluß geschleppt" (97). Das kaiserliche Fest wird schließlich durch eine Revolution beendet, worin immerhin eine entfernte Parallele zu dem „Halt“ des jungen Galeriebesuchers gesehen werden kann.

In einem zweiten Theatertraum vom 19.11.1911 schaut sich das Ich zunächst selber zu: „Einen kleinen zehn- bis fünfzehnjährigen Jungen sehe ich jedoch auf der Bühne besonders klar“ (104). Der kleine Junge hat offensichtlich Ähnlichkeit mit Kafka selbst: „Er hat trockenes, gescheiteltes, gerade geschnittenes Haar. Er weiß nicht einmal richtig die Serviette auf seine Oberschenkel zu legen ... und soll in diesem Stück einen Lebemann spielen“ (104). Hier verbinden sich in sehr durchsichtiger Weise zwei Leitmotive im Leben Kafkas: Die Eßprobleme und die Unfähigkeit, im „Leben“ seinen „Mann zu stellen“. Die Kindlichkeit der Identifikationsfigur drückt zusätzlich das Gefühl des Ich aus: der Lebenssituation, die einen wirklich Erwachsenen verlangt, nicht gewachsen zu sein.

Am Schluß des Traumes will ein „Herr“ eine defekte, funkensprühende Laterne in Ordnung bringen und schreitet daher über die „Masse“ der Zuschauer förmlich hinweg zur Laterne. Aber dann kehrt er unverrichteter Dinge wieder an seinen Platz zurück, „in dem er versinkt“. Mit der überraschenden Schlußwendung „Ich verwechsle mich mit ihm und neige das Gesicht ins Schwarze“ (105) endet der Traum.

Das Verhalten des Herrn weist Ähnlichkeiten mit dem des Galeriebesuchers auf. Auch er steht als einziger in Gegensatz zu der „schwarzen Masse“ (105) des Publikums und will „aufklärend“ wirken – jedoch ohne Erfolg. Die abschließende Neigung des Gesichts unterscheidet sich kaum von der resignativen Schlußreaktion des Galeriebesuchers.

Die Leichtigkeit, mit der sich das Ich mit einer anderen Figur „verwechselt“, bestärkt uns in der Auffassung, daß Galeriebesucher und Kunstreiterin wie der Galeriebesucher und der kindliche Lebemann auf der Bühne des Traums zwei Aspekte der Kafkaschen Gesamtperson bilden: den Beobachter seiner selbst und den Agierenden. Zwar befremdet zunächst die Vorstellung, daß die Figur der weiblichen Kunstreiterin dem Mann Kafka Identifikationsmöglichkeiten bietet. Aber für Kafka, der sich als Mann (vgl. den jungen „Lebemann“ des Traums oder z. B. „Bendemann“) gescheitert fühlt, stellt sich die eigene Nichtigkeit immer wieder in Gestalt defizitärer Existenzen (Kind, Affe, Hund, Schakal, Maus usw.) dar. Im Falle der singenden (d.h. in Wirklichkeit nur schwächer pfeifenden) Maus Josefine ist die Anspielung auf Kafkas eigene Existenz durch die Namengebung und durch die Gleichsetzung von Kunst und Lebensschwäche evident. Darum muß man grundsätzlich auch eine weibliche Figur als Identifikationsfigur in Betracht ziehen – zumal wenn sie bestimmte Merkmale aufweist, die in der Selbstdarstellung Kafkas und in der Konstituierung von Identifikationsfiguren im dichterischen Werk eine Rolle spielen: Zwar ist hier von „irgendeiner" (namenlosen) Kunstreiterin die Rede, was auf Beliebigkeit bzw. Unbestimmtheit der Person hinweist, aber damit verträgt sich das individualisierende Merkmal „lungensüchtig" nicht. Außerdem wirkt es auffällig, daß der Erzähler die Figur sonst nur von außen sieht, von ihrer „Lungensucht" aber von vornherein „weiß". Was liegt da näher als die Annahme, daß es sich um jene wohlbekannte stigmatische Lungenschwäche handelt, die Kafka mit so vielen seiner Figuren verbindet. Hinzu kommen verstärkende Identifikationsmerkmale: Das Umgetriebenwerden und Kreisen als Existenzbewegung, die oben beschriebene Opposition zur Zentralfigur, die abwertende Zuordnung der künstlerischen Existenz zur Sphäre von Zirkus und Varieté, die in der Selbstdarstellung Kafkas vom Tagebuch 1910 (z.B. dort S.11 und 16) bis hin zum *Hungerkünstler* (1922) ein signifikantes Leitmotiv bildet.

2.8
„Heimkehr"

Der 1920 entstandene Text ist von Brod mit Titel versehen und veröffentlicht worden. Er gehört in inhaltlicher wie formaler Hinsicht zu jener Gruppe von parabolischen Kurztexten, die ein Motiv der abendländischen Tradition zum Gegenstand haben (z.B. *Prometheus, Das Schweigen der Sirenen, Die Wahrheit über Sancho Pansa, Das Stadtwappen* usw.). Sie sind alle in der Zeit zwischen 1917 und 1920 konzipiert, aber von Kafka selbst der Veröffentlichung nicht würdig befunden worden. Gemeinsam haben sie außer der starken Inhaltsreduzierung auf bestimmte Grundzüge eine für Kafka bemerkenswerte Rationalität der Aussage. Die Bezugnahme auf überindividuell tradierte Motive scheint überindividuellen Gültigkeitsanspruch zu implizieren, jedenfalls wenn kein ausdrücklicher Ich-Bezug hergestellt wird. Die *Heimkehr* nimmt insofern eine gewisse Ausnahmestellung ein, als hier ausschließlich aus der personalen Perspektive des „Verlorenen Sohnes" erzählt wird.

Damit ist der Bezugstext schon genannt: das biblische Gleichnis vom „Verlorenen Sohn".

Für die Interpretation des Kafka-Textes sind vor allem die Abweichungen von der biblischen Vorlage wichtig: Der biblische Text ist in den Kontext eingebettet. Seine Gleichnisfunktion wird betont, seine Lehre resümiert. Gezeigt werden soll Gottes verzeihende Gnade, die dem reuigen Sünder zuteil wird, selbst wenn er noch so spät umkehrt und keinerlei gute Werke vorzuweisen hat. Der Text wird in der dritten Person und im Präteritum erzählt. Höhepunkt bildet die Wiederbegrüßungsszene. Die Szene wird dialogisch ausgestaltet. Nicht unwichtig für das Verständnis ist die Belehrung des unzufriedenen braven Sohnes.

Kafka hingegen gestaltet nur einen bestimmten Augenblick der Heimkehr. Abweichend von der biblischen Erzählhaltung wählt er die Ich-Form und die Perspektive des Verlorenen Sohnes. Die Redeweise ist nicht die des Erzählens, sondern des Beschreibens. In einem inneren Monolog wird zunächst die äußere, dann die innere Situation geschildert. Durchgehendes Tempus ist das Präsens. Lediglich das Faktum der Rückkehr wird im Perfekt mitgeteilt und somit auf die Gegenwart bezogen („Ich bin zurückgekehrt, ich habe den Flur durchschritten ... Ich bin angekommen", 320/321). Die Zukunft wird nur einmal in einer (unbeantworteten) futurischen Frage angesprochen („Wer wird mich empfangen?", 321). Im Gegensatz zum Gleichnis der Bibel wird keine explizite Lehre mitgeteilt, es sei denn, daß man den einzigen Aussagesatz, in dem die Ich-Form durch das verallgemeinernde „man" abgelöst wird, so versteht: „Je länger man vor der Tür steht, desto fremder wird man."

Anfang und Ende bleiben inhaltlich offen. Gründe für die Ausreise werden ebensowenig mitgeteilt wie Gründe für die Rückkehr. Wie weit die Reise geführt hat, wie lange sie gedauert hat, was der Sohn erlebt hat, scheint irrelevant zu sein – oder aber es wird als selbstverständlich bekannt vorausgesetzt. Im krassen Gegensatz zur Bibel findet keinerlei Kontakt zwischen Personen statt. Ja, es bleibt – offenbar nicht nur für den Leser, sondern auch für das Ich – ungewiß, ob der Vater, den das Ich als einzige Person erwähnt, überhaupt noch lebt bzw. in dem Hause wohnt. Die Offenheit des Schlusses ergibt sich aus der bleibenden existentiellen Ungewißheit; sie artikuliert sich in den irrealen Fragen, die den (Nicht-)Abschluß und insofern die Parabellehre bilden: die Paradoxie einer Heimkehr ohne Einkehr.

Detailanalyse: Das bei Kafka so häufige Handlungsmuster von aufsteigender Handlung, Peripetie und Rückläufigkeit schimmert auch hier durch, aber in gedämpfter Form. Die Betonung von „ich bin zurückgekehrt", „ich bin angekommen" im ersten Drittel des Textes deutet auf eine positive Entwicklung hin. Aber die anschließenden Fragen und die Zusammenfassung zu „Ich bin unsicher" hemmen die Vorwärtsbewegung. Das im nächsten Satz auftauchende einzige „aber" dieses Textes („aber kalt steht Stück neben Stück, als wäre jedes mit seinen eigenen Angelegenheiten beschäftigt", 321) läßt den Umschlag erwarten. Die folgende rhetorische Frage „Was kann ich ihnen nützen, was bin ich ihnen und sei ich auch des Vaters, des alten Landwirts Sohn" nimmt die Erklärung für das folgende Verhalten des Sohnes vorweg: das Zurückschrecken vor der Kontaktaufnahme aufgrund des Gefühls der eigenen Nichtigkeit. Die „Rückläufigkeit" des Geschehens führt hier nicht zur Flucht oder ins Exil, sondern zur Erstarrung vor der Küchentür. Darin ähnelt die *Heimkehr* der Parabel *Vor dem Gesetz,* wo der „Mann vom Lande" sein Leben vor der unverschlossenen Tür verbringt.

Im ersten Drittel des Textes wird die äußere Umgebung unbiblisch und realistisch beschrieben. Zwar ist es nicht etwa der aus *Urteil* und *Verwandlung* bekannte räumliche Rahmen der Kafkaschen Wohnung in der Stadt, sondern ein jämmerliches bäuerliches Anwesen, aber eindeutig der heutigen Gegenwart zugeordnet („Kaffee zum Abendessen wird gekocht"). Im Gegensatz zum biblischen Gleichnis wird eine Reihe von Details eingeführt, die sich einer durchgängigen allegorischen Deutung entziehen (Pfütze, Katze, Bodentreppe usw.). Damit wird die Realität der Situation unterstrichen. Offenbar will Kafka den Text nicht als bloße Allegorie verstanden wissen.

Die Dinge, denen sich das Ich bei seiner Rückkehr gegenübersieht, bieten in ihrer Gesamtheit ein deprimierendes Bild von Verfall, Öde und Sinnlosigkeit. Kein Laut ist zu hören, kein

Mensch zu sehen. Man erfährt nicht einmal, welche Personen außer dem Vater hier wohnen sollten. Sich selbst definiert das Ich lediglich als „meines Vaters, des alten Landwirts Sohn“, als ob sich seine Identität darin erschöpfte.

Das Alter der Dinge verweist zurück auf eine längst vergangene Kindheit am väterlichen Hof. Letztes Signal dieser Kindheit bildet möglicherweise „ein zerrissenes Tuch, einmal im Spiel um eine Stange gewunden“. Es erinnert an die „Fahne des Robinson“ in dem Brief an Brod vom 12.7.1922: „Ich bin von zuhause fort und muß immerfort nachhause schreiben, auch wenn alles Zuhause längst fortgeschwommen sein sollte in die Ewigkeit. Dieses ganze Schreiben ist nichts als die Fahne des Robinson ...“ (a.a.O., 392).

Die Dinge präsentieren sich in der Gegenwart als unnütz, hinderlich, abweisend-feindselig und isoliert voneinander („unbrauchbares Gerät, ineinanderverfahren, verstellt den Weg ... kalt steht Stück neben Stück“). Die lauernde Katze erinnert an die Katze der *Kleinen Fabel.* Ihr Lauern verspricht nichts Gutes. Die Gegenstände werden vermenschlicht („jedes mit seinen eigenen Angelegenheiten beschäftigt“) und mit den Bewohnern des Hauses in eine Reihe gestellt. Das verbindende Element bildet die Unzugänglichkeit gegenüber dem Heimkehrer. Das „ihnen“ des folgenden Satzes bezieht sich nominell auf die Dinge, kann aber eigentlich nur auf lebende Personen bezogen sein: „Was kann ich ihnen nützen, was bin ich ihnen ...“

Nur zwei, allerdings undeutliche Zeichen wirken wie mögliche Signale aus dem Innern des Hauses: das „Rauchzeichen“ signalisiert Leben und Wärme in der Küche (allerdings nur für die unbekannten „andern“ bestimmt). Das Uhrenschlagen, das aber vielleicht nur eine täuschende Erinnerung ist, stellt eine subjektive Verbindung zu den „Kindertagen“ her, die das Ich ja im Hause verbracht hat. Dieses Zeit- und Existenzsymbol hat Entsprechungen in verschiedenen Kafka-Texten, so z.B. in *Gib's auf!* oder auch in *Prozeß, Verwandlung* und *Urteil.* Man denke an die Uhrkette, die Georg Bendemanns Kind-Vater-Bindung symbolisiert. Offenbar hat der Uhrenschlag in der *Heimkehr* eine vergleichbare Funktion. Gerade an der Ausprägung dieses Zeitsymbols wird der stilistische und atmosphärische Unterschied zwischen dem 1912 entstandenen *Urteil* und der späten *Heimkehr* (1920) greifbar. Die

Dramatik des Kampfes ist einer eher lyriknahen Resignation gewichen. Die Bewegung erstarrt. Kein Wort fällt. Keine Begegnung findet statt, weil der Sohn im Gegensatz zu dem jungen Bendemann den Schritt über die Schwelle zum Zimmer des Vaters nicht mehr wagt. Das Zögern vor dem Eintritt – als Dauerzustand – entspricht exakt der Existenzsituation Kafkas, wie er sie in seiner Spätzeit sieht: „Mein Leben ist das Zögern vor der Geburt" (T., 24.11.1922, 350). Zur Zeit der Entstehung der *Heimkehr* hatte Kafka offenbar das Gefühl, er werde nie mehr einen Versuch zur Beziehungsaufnahme machen. Die letzten Ansätze dazu lagen ein Jahr zurück (Verlobung mit Julie Wohryzek 1919 – Entlobung 1920, Brief an den Vater, 1919, nie übermittelt).

Den selbstverständlichen Ich-Bezug des Heimkehr-Motivs bestätigt eine Tagebuchstelle: „Es war ihm unmöglich gewesen, in das Haus einzutreten, denn er hatte eine Stimme gehört, welche ihm sagte: ‚Warte, bis ich dich führen werde!' Und so lag er noch immer im Staub vor dem Haus ..." (T., 21.10.1921).

Unterrichtshilfen

1
Didaktische Aspekte – Didaktische Modelle

Traditionelle Schulinterpretationen

Seit Ende der fünfziger Jahre haben die Erzählungen Kafkas im expliziten oder impliziten Lektürekanon des Gymnasiums ihren festen Platz. Mitte der fünfziger Jahre erschienen die ersten für den Schulgebrauch bestimmten Interpretationen. Sie spiegeln im allgemeinen – meist mit einer gewissen Verspätung – den jeweiligen Rezeptionsstand der Fachwissenschaft. P. U. Beicken hat in seinem kritischen Forschungsbericht auch die didaktische Rezeption untersucht (a.a.O., 95–98) und kommt zu vorwiegend negativen Urteilen. Dem ist wenig hinzuzufügen. Vor allem fällt das durchgehende Bemühen auf, die Lektüre von Kafka-Texten ausführlich zu rechtfertigen, indem für den Schüler Lebenshilfe durch einen Zugewinn an Einsichten im metaphysischen oder gesellschaftlichen Bereich in Aussicht gestellt wird.

Fachwissenschaftlich diskutabel sind im Grunde nur die „Interpretationen zu Franz Kafka" von A. Weber (zu *Urteil*), G. Schlingmann (zu *Verwandlung* und *Kleine Prosa*) und G. Kleinschmidt (zu *Landarzt*), erschienen bei Oldenbourg, München 1968. Weber bezieht in ungewöhnlichem Maße verschiedene Richtungen der Sekundärliteratur in seine Darstellung ein, allerdings vorwiegend affirmativ und ohne kritische Klärung der unterschiedlichen Tendenzen und Ergebnisse. Die in seiner Interpretation angestrebte pluralistische Offenheit führt jedoch de facto zu einer verwirrenden Richtungslosigkeit.

C. Schlingmanns Beiträge sind in sich widerspruchsfrei, an ihnen lassen sich exemplarisch Möglichkeiten und Begrenztheit der immanenten Interpretation aufzeigen.

Konkrete Hinweise zur didaktisch-methodischen Umsetzung enthält der genannte Sammelband nicht.

Kreativer Umgang mit Kafka-Texten

Die neueste didaktische Tendenz geht dahin, Textanalyse durch „produktives Lesen" zu ersetzen. Die Möglichkeit zu kreativem Umgang mit Kafka-Texten in der Schule hat zuerst Ingeborg Meckling erkannt (Kreativitätsübungen im Literaturunterricht der Oberstufe. München: Oldenbourg 1974, 2. Aufl.). In der Folge hat vor allem Karlheinz Fingerhut diesen Ansatz ausgebaut (Umerzählen. Ein Lesebuch mit Anregungen für eigene Schreibversuche in der Sekundarstufe II. Frankfurt: Diesterweg 1982).

Über Zielsetzung, Methoden und Gefahren referiert Fingerhut in seinem Literaturbericht „Zwischen Beobachtern" und „Mitspielern" (Neuere fachdidaktische Konzepte zum Schulklassiker Kafka. Diskussion Deutsch (1983), Aug., H. 72, 356–369).

Ausführliche konkrete Vorschläge zu „produktivem Lesen" (Arbeitsanregungen und Beispieltexte) hat außerdem Karl Hotz vorgelegt: Wunsch, Indianer zu werden – Bericht über ein Kafka-Projekt. Diskussion Deutsch (1983), Aug., H. 72, 418–433.

Analytische Ansätze mit soziologischem Schwerpunkt

Auf kognitiver Ebene versucht Fingerhut, Schüler durch „sozialpsychologische", „produktionssoziologische" und literaturhistorische Betrachtung im weitesten Sinne an Kafka heranzuführen mit: Franz Kafka – Klassiker der Moderne. Literarische Texte und historische Materialien. (Stuttgart: Metzler 1981). Fingerhut betont, es sei sein „Grundgedanke, Kafka möglichst vielseitig anzugehen. Dabei spielen die literarischen Werke der Gegenwart, die ihrerseits auf Kafka rekurrieren, indem sie ihm Motive oder Schreibweisen abborgen, eine bedeutende Rolle" (Diskussion Deutsch, a. a. O., 363). Gegenüber werkimmanenten Schulinterpretationen (z. B. in den bekannten Interpretationen von W. Zimmermann) bedeutet dieser schulische Zugang einen bedeutenden Fortschritt – ebenso wie gegenüber monokausal „interpretierenden" einseitig soziologischen Modellen (z. B. G. Sautermeister).

Desiderate

Wir meinen, daß sowohl die werkimmanente Betrachtungsweise wie die soziologische für sich genommen nicht befriedigen, und zwar aus vergleichbaren Gründen: Die werkimmanente Interpretation greift zu kurz, weil die Fixierung auf das Einzelwerk die Perspektive einengt. Die soziologische Betrachtung impliziert die Gefahr, daß das Individuelle des Werks und des Autors nicht hinreichend in den Blick kommt. Gewiß ist es wichtig, daß das gesellschaftliche Umfeld abgesteckt worden ist, auf dem das Phänomen Kafka erwachsen ist. Aber aus diesem Feld stammen auch eine Reihe anderer und ganz andersartiger Schriftstellerpersönlichkeiten (hier seien als Beispiele nur Max Brod und Franz Werfel genannt). Die soziologische und auch die sozialpsychologische Methode (so wie sie etwa Sautermeister in dem oben besprochenen Modell praktiziert) fangen mit ihrer Weitwinkeloptik das individuelle Phänomen nicht mit der nötigen Trennschärfe ein.

Wir glauben, daß die Mitte zwischen diesen entweder zu eng oder zu weit angelegten Untersuchungen gefunden werden kann, wenn a) konsequenter als bisher Text durch Kontext erhellt wird und b) biographisch-individualpsychologische Aspekte in die primär literaturwissenschaftliche Betrachtungsweise einbezogen werden.

Der Gedanke, daß gerade bei manchen modernen Autoren (z. B. Handke) tiefenpsychologische Analysetechniken von der Literaturwissenschaft adaptiert werden müssen, scheint in jüngster Zeit auch in der Fachdidaktik an Boden zu gewinnen. So ist z. B. erstmalig im Jahre 1982 ein ganzes Heft des „Deutschunterricht" der Verbindung von „Psychoanalyse und Literaturwissenschaft" gewidmet (1982, H. 5). Allerdings verfallen manche Adepten der Psychoanalyse immer noch der Versuchung, unkritisch und spekulativ gewisse Mythologeme des Freudianismus (z. B. Ödipuskomplex) als Universalschlüssel zu benutzen. Daß solche Fehler vermieden werden können und daß tiefenpsychologische Perspektive zum Textverständnis erheblich beitragen kann, zeigt z. B. der Aufsatz von Wolfram Mauser zu: Peter Handke: Wunschloses Unglück – erwünschtes Glück? Der Deutschunterricht 34 (1982), 5, 73–89.

Die Notwendigkeit zu wie auch immer akzentuierter psychologischer Betrachtung ergibt sich bei vielen Werken nicht nur des 20. Jahrhunderts zum Teil allein schon deshalb, weil die betreffenden Autoren bewußt psychoanalytisches Vorstellungsmaterial aufgenommen haben bzw. das Erklärungsmodell einer psychologischen Schule selbst übernommen haben (so ist Hesses *Demian* ein Paradebeispiel für den Einfluß der Jungschen Psychologie, und bei *Katz und Maus* von Günther Grass hat Freud deutlich Pate gestanden). Büchners *Lenz* ist auch als psychopathologische Studie zu lesen (zumal Büchner ja Oberlins Aufzeichnungen der Krankheitsgeschichte zum Teil wörtlich übernommen hat). *Woyzeck* geht auf einen realen Kriminalfall zurück, der schon zu seiner Zeit als psychopathologischer Fall gesehen worden ist. Ein Vergleich von Textauszügen aus den beiden psychiatrischen Gutachten des Professor Clarus mit Büchners Gestaltung der Figur dürfte zur Interpretation des Stücks einiges beitragen.

Gottfried Kellers *Grüner Heinrich* läßt sich auch unter einem individualpsychologischen Blickwinkel lesen. Man vergleiche dazu die tiefenpsychologisch orientierte Biographie von Adolf Muschg.

Thomas Manns *Tod in Venedig* dürfte auf dem Hintergrund der Lehre Freuds von der kulturellen, insbesondere künstlerischen Bedeutsamkeit der Libido-Sublimierung für den Leser schärfere Konturen gewinnen. – Genug der Beispiele, die Reihe ließe sich beliebig verlängern!

2 Unterrichtsreihen

Wir schlagen vor, die Kafka-Reihe in einen Kurs einzubetten, der über die für jeden Literaturunterricht obligatorischen Ziele der Strukturanalyse usw. hinaus den besonderen Akzent „Einbeziehung tiefenpsychologischer Aspekte" erhält. In der weiter unten vorgestellten Unterrichtssequenz könnte der psychologische Aspekt vor allem die beiden ersten Werke (*Urteil* und *Verwandlung*) betreffen.

Um auf eine nicht allzu theoretisch-trockene Art eine erste Bekanntschaft mit tiefenpsychologischen Analysemethoden zu ermöglichen, bietet es sich an, an den Anfang des Kurses die Lektüre von W. Jensens *Gradiva* (1903) und Freuds ausführliche Interpretation dieser Novelle (1906, veröffentlicht 1907) zu stellen. Beide Texte sind zugänglich gemacht in dem Band: S. Freud: Der Wahn und die Träume in W. Jensens Gradiva. Hrsg. und eingel. von B. Urban und J. Cremerius. Frankfurt: S. Fischer 1973, TB 6172. Freuds Analyse ist methodisch instruktiv, textnah und durchaus nicht einseitig-dogmatisch (im Gegensatz zu vielen Literaturdeutungsversuchen späterer Freudianer). Mit der Lektüre lassen sich Referate zu Grundzügen der Psychoanalyse (anhand S. Freud: Abriß der Psychoanalyse, Fischer TB 6043) und zu Freuds Traumdeutungsmethode (anhand S. Freud: Träume und Traumdeutung, Fischer TB 6073) verbinden.

Wenn die Zeit es erlaubt, könnte der Kafka-Sequenz Hesses Novelle *Klein und Wagner* (1919) vorgeschaltet werden. Dieses Vorgehen hat zwei Vorteile:

a) Die Novelle hat – in leichter, verständlicher Form – viel mit Kafkas Vorstellungswelt gemeinsam: das Motiv der Persönlichkeitsspaltung und ihrer Überwindung, die Verbindung von Sexualität und Schuldgefühl bis hin zu masochistischen Strafphantasien, die denen Kafkas bis in Einzelheiten ähneln, die besondere Bedeutung der Traumwelt. Insofern kann später – mit der gebotenen Vorsicht – Zeittypisches bei Kafka von Individuellem gesondert werden.

b) Da Hesse der „analytischen Psychologie" von C. G. Jung verpflichtet ist – u.a. durch therapeutische Gespräche mit Dr. Lang, einem Schüler von C. G. Jung (1914 beginnend und über mehrere Jahre hin beibehalten) –, ergibt sich die Notwendigkeit, ein von Freudschen Vorstellungen in manchem abweichendes Modell kennenzulernen und so die Freudsche Psychologie relativiert zu sehen. Auch hier sind Referate einsetzbar zu: C. G. Jung: Über Grundlagen der analytischen Psychologie, Fischer TB 6302, insbesondere: 3. und 4. Tavistock Lecture von 1935, und zu C. G. Jung: Bewußtes und Unbewußtes, Fischer TB 175, insbesondere Kap. I: Über die Archetypen des kollektiven Unbewußten, von 1934.

Falls für eine Kafka-Reihe nur wenig Zeit zur Verfügung steht und psychologische Akzentsetzung nicht möglich ist, sollte man auf die Behandlung von *Das Urteil, Die Verwandlung* und *Ein Traum* verzichten. Zu den verbleibenden Parabeln könnten noch die Kurztexte *Das Unglück eines Junggesellen* (S. 13, an erster Stelle der Reihe!) und *Vor dem Gesetz* (131) hinzugefügt werden. Das Reihenthema könnte etwa lauten:

„Das Problem der Kommunikation und seine dichterische Gestaltung".

Den Schülern sollte auf jeden Fall durch ein Referat zu dem *Brief an den Vater* die individualpsychische Bedingtheit der fiktionalen Thematik sichtbar gemacht werden.

Von den unten aufgeführten möglichen Lernzielkontrollen entfällt bei dieser Reihe das Thema „Fürsprecher".

3 Unterrichtssequenzen

Stoffübersicht:

a) Grundkurs	Std.
Urteil	10
Traum	1
Brücke	1
Kaiserliche Botschaft	2
Auf der Galerie	2
Gesamtdauer:	ca. 16

b) Leistungskurs	Std.
Urteil	10
Verwandlung	6–8
Traum	1
Brücke	1
Kübelreiter	2
Kaiserliche Botschaft	2
Auf der Galerie	2
Gesamtdauer	24–26

Zur Vorgehensweise: Eine Vorbereitungsphase von ca. 4 Wochen dient der häuslichen Erstlektüre. Dabei werden wichtige oder problematische Textstellen gekennzeichnet. Erste Leseeindrücke, Interpretationsansätze, offene Fragen, Widersprüchlichkeiten, Paradoxien werden in einer Art Lesetagebuch festgehalten.

Außerdem wird den Schülern eine Liste der möglichen Referatthemen übergeben. Diese Referate können in Einzel-, Partner- oder Gruppenarbeit angefertigt werden. Die Referate 1–6 sollten während der Behandlung des *Urteils* vorgetragen werden, müssen also relativ früh in Angriff genommen werden.

Übersicht über die vorgesehenen Referate

1. Die Entstehung des *Urteils* – Kafkas Schaffensweise/Selbstdeutung
   Material:
   Kafka: *Tagebuch,* v. 23.9.1912, 183, 184; 11. u. 12.2.1913, 186, 187
   H. Binder: Kafka, der Schaffensprozeß, 40–51
2. Ähnlichkeiten in der Darstellung des Vaters in *Urteil* und Kafkas *Brief an den Vater*

3. Kafkas Einstellung zu Sexualität und zum anderen Geschlecht
   Material:
   Kafka: *Brief an den Vater*
   K. Wagenbach: Kafka (Biographie)
   Kafka: *Tagebuch,* v. 14.2.1914, 225, 226; 24.1.1915–7.2.1915, 286–288
   Kafka: *Tagebuch,* 23.7.1913–14.8.1913, 197, 198; 14.2.1914, 225, 226; 24.1.1915, 286/287; 16.1.1921–20.1.1921, 345–348
   Kafka: *Briefe an Felice,* passim, insbesondere 408, 426, 433, 729
4. Das Gefühl der Persönlichkeitsspaltung bei Kafka
   Material:
   Kafka: *Briefe an Felice,* 640, 643, 650, 755, 756
5. Die Psycho-Logik der Träume
   Material:
   Ch. Brenner: Grundzüge der Psychoanalyse, 142–153
   A. Faraday: Die positive Kraft der Träume, 78–161
   evtl. R. Wolff: Psychoanalytische Literaturkritik, 418–429
6. Kafkas Verhältnis zu seinem Vater (in der Selbstdeutung des *Briefs an den Vater*) und die Spätfolgen dieser Vater-Sohn-Beziehung
   Material:
   Kafka: *Brief an den Vater*
   P. Watzlawick u.a.: Menschliche Kommunikation, 184–202
7. Kafkas Beziehung zur Berufs- und Arbeitswelt
   Material:
   Tagebuch, 19.2.1911–26.8.1911, 29–41
   Briefe an Max Brod, 1907/1908, 48–56; 1910, 84; Okt. 1912, 106–109, vorliegende Interpretation, 45–52
8. Kafkas Verhältnis zu seiner Schwester Ottla
   Material:
   Kafka: *Brief an den Vater*
   Briefe an Max Brod, Sept. 1915, 165
   K. Wagenbach: Kafka (Biographie)
9. Das Motiv des Gegensatzes von Leben und Kunst bei Thomas Mann *(Tonio Kröger)* und Kafka (*Erstes Leid;* Eingangsszene von *Josefine, die Sängerin, oder das Volk der Mäuse; Ein Hungerkünstler,* Schlußszene; *Brief an Max Brod* v. 5.7.1922, 382–387)
10 Kaisertum und Führerschaft in *Beim Bau der Chinesischen Mauer*
   Material:
   Beim Bau der Chinesischen Mauer, vorliegende Interpretation, 80–83
11. Der Kontext der Parabel *Auf der Galerie*
   Material:
   Vorliegende Interpretation, 89–96

Bezugstexte:
Das Urteil: Ref. 1–6
Die Verwandlung: Ref. 7–8
Ein Traum: Ref. 9
Eine Kaiserliche Botschaft: Ref. 10
Auf der Galerie: Ref. 11

Bei dem folgenden Unterrichtsvorschlag handelt es sich um das Maximalangebot. Die Unterrichtseinheiten, die nur für den Leistungskurs vorgesehen sind, werden durch * gekennzeichnet.

Verwendete Abkürzungen:

GA	= Gruppenarbeit	LV	= Lehrervortrag
GK	= Grundkurs	Ref	= Referat
HA	= Hausaufgabe	SV	= Schülervortrag
KRef	= Kurzreferat	UG	= Unterrichtsgespräch
LK	= Leistungskurs	U.Verlauf	= Unterrichtsverlauf

Das Urteil (10 Std.)

Erste Unterrichtseinheit – 2 Std.

Gegenstand	Fragen – Schwierigkeiten – Paradoxien (Ersteindrücke)
Didaktische Aspekte	Bewußtmachen von Verstehensschwierigkeiten und -voraussetzungen
Unterrichtsverlauf	1. Vortragen und Zusammentragen der Erstlesenotizen zum *Urteil* 2. Gruppieren und Koordinieren von Interpretationsfragen 3. Referat 1 – evtl. mit anschließender Diskussion
Methodische Hilfen/ Impulse	1′ Gefahr der Uferlosigkeit: Daher Beschränkung auf 2–3 vollständige Wiedergaben der Lesenotizen. Dazu dann jeweils affine und gegenteilige Eindrücke erfragen. 2′ Es ist zu erwarten, daß in irgendeiner Form die wesentlichen Punkte der folgenden Unterrichtsreihe angesprochen werden. Falls die Schüler eine andere Reihenfolge favorisieren, kann dies berücksichtigt werden. 3′ Diskussionsgegenstand sind insbesondere die Selbstdeutungsversuche Kafkas. Grundsatzfragen wie: „Ist der Dichter der authentische Interpret seiner eigenen Werke?“ lassen sich hier anschließen.
Hausaufgabe	Versuchen Sie den Text *Das Urteil* in 3–5 „Akte“ einzuteilen. Begründen Sie Ihre Gliederung anhand der inneren Dramaturgie des Erzähltexts.

Zweite Unterrichtseinheit – 2 Std.

Gegenstand	Wesentliche Strukturmerkmale
Didaktische Aspekte	Zusammenhang von Handlungsstruktur – Erzählperspektive – Sprache
Unterrichtsverlauf	1. Handlungsstruktur – Zeit-/Raumstruktur 2. Erzählperspektive und Sprache 3. Interpretatorische Verknüpfung der Analyseergebnisse
Methodische Hilfen/ Impulse	1′ Besprechung von 2–3 Hausaufgabenergebnissen Bei verschiedenartigen Gliederungsvorschlägen lediglich deren Begründung kritisch untersuchen, aber keine bestimmte Gliederung für die einzig „richtige" erklären! Weiterführende Fragen: Inwiefern ähnelt der Aufbau dieser Erzählung dem klassischen Tragödienaufbau? Arbeitsauftrag für arbeitsteilige Gruppenarbeit: Untersuchen Sie die Zeit- bzw. Raumstruktur und setzen Sie sie in Beziehung zur Handlungsstruktur. 2′ (evtl. Arbeit in zwei Gruppen) Stellen Sie charakteristische Merkmale der Sprachgestaltung zusammen (z. B. vorherrschende Redeweise, Raffungsgrad, Aussparungen, indirekte–direkte Rede, Sprachbildlichkeit). Auch auffallende Negativbefunde können stilistisch relevant sein! Untersuchen Sie die Erzählperspektive (z. B. Er-Form, Ich-Form, erlebte Rede, impliziter oder expliziter Erzähler, Nähe oder Ferne der Einstellung, Totale oder Detailbild, indirekte Präsenz des Erzählers durch Kommentar oder Wertung). 3′ Als wesentliches Ergebnis anzustreben: Erkenntnis des Gegensatzes von (scheinhafter) rationaler Bewältigung (z. B. durch disziplinierte Syntax, Berichtstil, starken Anteil von antizipierender Reflexion in den Anfangsteilen) und Einbruch des Irrationalen, Unbewußten
Hausaufgabe	Schriftliche Zusammenfassung der wesentlichen Interpretationsergebnisse

Dritte Unterrichtseinheit – 2 Std.

Gegenstand	Die Vaterfigur
Didaktische Aspekte	Erkenntnis des Imago-Charakters dieser Figur
Unterrichtsverlauf	1. Beschreibung der Figur – Wandlung des Vaterbildes 2. Referat 2 (s. o. Übersicht) 3. Tiefenpsychologische Dimension der Vaterfigur

Methodische Hilfen/ Impulse	1′ Untersuchen Sie die Darstellung des Vaters: a) wesentliche Inhaltsmomente, z. B. charakteristische Kleidung, Haltung, Gestik, räumliche Zuordnung, Dimensionen b) Kafkas stilistische Methode der Charakterisierung und ihre Wirkung auf den Leser 3′ Inwiefern und in welchen Punkten kann man den *Brief an den Vater* als Interpretationshilfe für *Das Urteil* auffassen? – Worin liegt die Gefahr beim Einbezug biographischer Fakten? – Woran läßt sich ersehen, daß dem „Vater" weniger der Charakter einer realen Person als der eines vom Sohn internalisierten Über-Ichs zukommt?
Hausaufgabe	Wie wird Georg Bendemann charakterisiert? (Verfahrensweise wie oben bei Punkt 1)

Vierte Unterrichtseinheit – 2 Std.

Gegenstand	Georg Bendemann und seine Beziehung zu Braut und Freund
Didaktische Aspekte	Georg und der Freund: zwei gegensätzliche Persönlichkeitsaspekte Kafkas Der Versuch einer Verbindung mit der Braut als Auslöser einer Existenzkrise mit katastrophalem Ausgang
Unterrichtsverlauf	1. Besprechung der Hausaufgabe 2. Rätselhaftes und Ungereimtes an der Figur der Braut 3. Referat 3 4. Interpretation der Brautfigur auf dem Hintergrund der Ergebnisse von Punkt 3 5. Referate 4 und 5 6. (evtl. als Hausaufgabe) Georg und der Freund
Methodische Hilfen/ Impulse	1′ Eingabe der Selbstdeutung Kafkas (vgl. auch Ref. 1) 2′ Frage nach Aussehen der Braut, Kommunikationsweise zwischen den Verlobten, Beziehung der Braut zu dem Freund 4′ Leitfrage: Was hat Georgs Beziehung zu seiner Braut mit Kafkas Beziehung zu Felice Bauer gemeinsam? 6′ Worin liegen Parallelen zwischen der Figur des Freundes und Kafkas Selbstverständnis als „Junggeselle"?
Hausaufgabe	Wie erklären Sie sich die gegenläufige Entwicklung Georgs und des „Freundes"?

Fünfte Unterrichtseinheit – 2 Std.

Gegenstand	Die Entwicklung des Vater-Sohn-Konfliktes
Didaktische Aspekte	Ambivalenz der Beziehung, Paradoxie der Kommunikation als entscheidende Faktoren des Psychodramas
Unterrichtsverlauf	1. Die komplementäre Entwicklung von Vater und Sohn 2. Referat 6 3. Georgs „Schuld“ 4. Symbolik des Schlusses
Methodische Hilfen/ Impulse	1′ Arbeitsteilige Gruppenarbeit möglich – Untersuchen Sie den Ablauf der direkten (verbalen) Kommunikation zwischen Vater und Sohn (z. B. unter dem Gesichtspunkt der wechselnden Gesprächsdominanz). – Untersuchen Sie nonverbale Interaktionen zwischen Vater und Sohn und deren symbolischen Ausdruckswert (z. B. Zu-Bett-Bringen, Spielen mit der Uhrkette u. ä.). – Erklären Sie die Simultaneität des Endes von Vater und Sohn. 3′ Worin sehen Sie Parallelen zwischen Kafkas Interpretation seiner eigenen Vaterbindung und dem Vater-Sohn-Verhältnis im *Urteil*? – Welche Bedeutung kommt dem Prinzip der Paradoxie bei Watzlawick und in Kafkas Werk zu? – Wie ist das Schuldgefühl des Sohnes zu verstehen? 4′ – Welcher Symbolwert kommt der „Brücke“ und dem „unendlichen Verkehr“ zu? (Vgl. dazu den Text *Die Brücke*.) – Vergleichen Sie die Symbolik des Wassers in anderen Ihnen bekannten literarischen Werken (etwa in Thomas Manns *Tonio Kröger*) mit dem möglichen Symbolwert des Wassers im *Urteil*.

Die Verwandlung (6–8 Std. Lk)*

Erste Unterrichtseinheit – 2 Std.

Gegenstand	Vergleich von Erstleseeindrücken, erste Interpretationshypothesen
Didaktische Aspekte	Bewußtmachen hermeneutischer Prozesse
Unterrichtsverlauf	1. Austausch der schriftlich fixierten Erstleseeindrücke 2. Herausarbeitung von konträren Hypothesen zur zentralen Intention der Erzählung 3. Referat 7 4. Diskussion der Hypothesen aus Punkt 2 im Lichte der Ergebnisse des Referats

Methodische Hilfen/ Impulse	1′ Vgl. *Das Urteil* – analoge Vorgehensweise Zusätzliche Hilfe: Frage, ob nach der Besprechung des *Urteils* Verschiebungen bzw. Klärungen im Verständnis der *Verwandlung* eingetreten sind. 2′ Gegebenenfalls kann der Lehrer noch zusätzliche extreme Deutungsansätze zur Zentralintention aus der Sekundärliteratur kurz referieren (etwa nach Beicken, s. LV) 4′ Ziel der Diskussion sollte es nicht sein, jetzt eine bestimmte Deutung als die allein richtige zu inthronisieren, sondern hermeneutische Probleme bzw. Methodenfragen bewußtzumachen (z. B. Bedeutung des Erfahrungshorizonts, der verschieden weit gespannten Verstehenshorizonte, Unterscheidung von Rezeption und Interpretation; vgl. vorliegende Interpretation, Vorwort).
Hausaufgabe	Rekonstruieren Sie Gregors Vorgeschichte bis zum Moment der Verwandlung

Zweite Unterrichtseinheit – 2 Std.

Gegenstand	Gregors Entwicklung als Käfer
Didaktische Aspekte	Gregors Käferexistenz als Parabel von Regression, Persönlichkeitsabbau und Beziehungsverlust
Unterrichtsverlauf	1. Auswertung der Hausaufgabe 2. Ausdruckswert der Mensch-Tier-Metamorphose 3. Der Prozeß des Persönlichkeitsabbaus und der damit verbundenen Isolierung
Methodische Hilfen/ Impulse	1′ Als wichtiger Punkt herauszustellen: Gregors Dominanz innerhalb der Familie, Parallele zum *Urteil* besonders bezüglich der Vater-Sohn-Beziehung 2′ Als Hilfe können biographische Hinweise und Informationen zur Tiersymbolik im Werk Kafkas gegeben werden (vgl. vorliegende Interpretation, 45–47) 3′ Fragen: Wie verändern sich Gregors Fähigkeiten, seine Lebensweise, seine Eßgewohnheiten? – Wie verändert sich sein Lebensraum (bzw. Aktionsradius)? – Wie verändern sich seine Kommunikationsmöglichkeiten? – Wie entwickelt sich das Vater-Sohn-Verhältnis?
Hausaufgabe	Vergleichen Sie die Entwicklung der Vater-Sohn-Beziehung in *Das Urteil* und *Die Verwandlung.*

Dritte Unterrichtseinheit – 1–2 Std.

Gegenstand	Gregor und die Frauen
Didaktische Aspekte	Die durchgängige Ambivalenz des Frauenbildes bei Kafka: Die Frau als Vermittlerin und Verderberin
Unterrichtsverlauf	1. Hausaufgabenbesprechung 2. Vergleich der Mutterfigur in *Urteil* und *Verwandlung* 3. Die Schwester als Vermittlerin zwischen Gregor und der Welt (positiver Beziehungsaspekt) 4. Der Kampf mit der Schwester um das Frauenbild (negativer Beziehungsaspekt) 5. Referat 8
Methodische Hilfen/ Impulse	1′ Die Hausaufgabe ist relativ weit gefaßt. Wahrscheinlich werden folgende Aspekte im Unterrichtsgespräch vertieft werden müssen: – Wie entwickeln sich die Dominanzverhältnisse innerhalb der Familie? – Welche symbolische Bedeutung haben anfängliche Kränklichkeit und plötzliche Revitalisierung des Vaters? – Welche Symbolik ist in Geschäft, Banktätigkeit und Uniformierung verborgen? – Worin liegen wesentliche Unterschiede des Vaterbildes? *(Urteil – Verwandlung)* 2′ – Welche Position hat Gregors Mutter innerhalb des Sozialgefüges der Familie? – Vergleichen Sie die Vater-Mutter-Beziehung in beiden Erzählungen. 3′ Leitfrage: Wie entwickelt sich die Geschwisterbeziehung bis zum Kampf um das Bild? 4′ Leitfragen: – Was bedeutet das Bild für Gregor? – Warum tritt die Schwester in Konkurrenz zu dem Bild? (Dazu evtl. Hilfen in Form biographischer Hinweise; vgl. Interpretation, 55 ff.)
Hausaufgabe	Lektüre der Erzählung *Ein Hungerkünstler* (163–171)

Vierte Unterrichtseinheit – 1–2 Std.

Gegenstand	Gregors Ende
Didaktische Aspekte	Gregors Ende als äußerster Gegensatz zwischen der Destruktion der Identifikationsfigur und der allgemeinen Vitalitätssteigerung

Unterrichts-verlauf	1. Religiöse Aspekte in Gregors Passion 2. Symbole der elementaren Vitalität und ihre Häufung am Schluß der Erzählung 3. Referat 9
Methodische Hilfen/ Impulse	1′ Welche symbolische Anspielung liegt in Gregors Fasten? Welche in den Zeitangaben? Warum gehen die „Helden" des *Urteils* und der *Verwandlung* in den Tod? 2′ Stellen Sie symbolische Elemente zusammen, die zum Ausdruck bringen: a) Gregors zunehmende Existenzreduzierung b) elementare Vitalität auf der Gegenseite – Frage zur immanenten Wertung durch den impliziten Erzähler: Mensch oder Tier – wer wird als menschlicher oder tierischer dargestellt?

Ein Traum (2 Std.)

Gegenstand	*Ein Traum*
Didaktische Aspekte	Aufweis des Traumcharakters in Struktur und Symbolik Erfassen der Zentralaussage: Antinomie von Kunst und Leben
Unterrichts-verlauf	1. Strukturelemente des Traums 2. Symbolik 3. Referat 9 *4. evtl. Bildbetrachtung: Traumelemente in der Malerei des frühen 20. Jahrhunderts, z. B. bei de Chirico, Chagall, Ali
Methodische Hilfen/ Impulse	1′ Nach Hinweis auf die Bedeutung von Kafka und Vortrag des Textes durch einen Schüler die Leitfrage: Was ist traumhaft an *Ein Traum*? Untersuchen Sie dazu: a) Raum-Zeit-Bewertung b) Kausalität des Geschehens, Logik im Verhalten der Personen c) Faktoren, die bewußt kalkulierende Gestaltung verraten. Bei Schwierigkeiten kann auf Referat 5 rekurriert werden; Vertiefung durch weitere Auswertung der dort angegebenen Literatur möglich. 2′ – Wie ist die zentrale Bedeutung des Grabes und seine Anziehungskraft zu verstehen? (Dazu Eingabe biographischer Parallelen: Brief an Brod, 17. September 1917, 161–171); Hinweis auf *Der Jäger Gracchus,* 288: „... in das Totenhemd schlüpfte ich wie das Mädchen ins Hochzeitskleid"

	– Wie läßt sich der Zusammenhang zwischen Grabinschrift und freiwilligem „Begräbnis“ verstehen? (Dazu evtl. Hinweis auf Brief an Brod v. 5. 7. 1922: Der schwerkranke Kafka spricht hier von seinem bevorstehenden Tod und unterscheidet zwei Aspekte seiner eigenen Persönlichkeit: den Schriftsteller und den Menschen.)
Hausaufgabe	Zeigen Sie an charakteristischen Beispielen analoge Traumelemente in *Das Urteil, Die Verwandlung* und *Ein Traum* auf.

Die Brücke (1 Std.)

Gegenstand	*Die Brücke*
Didaktische Aspekte	Der Kurztext, verstanden als Parabel von der Unmöglichkeit menschlicher Kommunikation
Unterrichtsverlauf	1. Gestaltendes Lesen 2. Inhaltsaufbau (3 Phasen) 3. Detailanalysen der 1. und 2. Phase 4. Interpretation des zentralen Ereignisses (3. Phase)
Methodische Hilfen/ Impulse	1′ Durch den Vergleich verschiedener Vorträge in bestimmten Punkten werden unterschiedliche Akzentuierungen deutlich. Im 2. und 3. Abschnitt ergeben sich aufgrund der eigenartigen syntaktischen Struktur und der Erzählhaltung Leseschwierigkeiten. Deren Besprechung mündet in textanalytische Reflexion. 2′ Der Wechsel von statischen zu dramatischen Strukturen präsentiert sich zunächst als Problem des gestaltenden Lesens. Anschließend wird der Grund für die Leseschwierigkeit bewußt gemacht. Daran schließen sich die Fragen an, die Tempo, Pausen, Stockungen, Höhepunkt, Wendepunkt, Phasierung betreffen. 3′ Detailanalyse der ersten beiden Abschnitte, jeweils vom Lesen ausgehend: Gesichtspunkte zum 1. Abschnitt: – Stimmungshafte Elemente und deren Realisierung im Vortrag – Akzentuierung der asyndetischen, lapidaren Kurzsätze bzw. der parataktischen Kola durch angemessenes Lesen Zum 2. Abschnitt etwa: Wie kann man „Schlüsselwörter“ des Texts für den Vortrag nutzbar machen (z. B. „Wirrwarr“, „Runde“, „Mannesschritt“, „Anvertrauten“)? – Wie schlägt sich die Erzählhaltung im Vortrag nieder? 4′ Wo liegen Höhe- und Wendepunkt? Wie sind sie zu gestalten?

	Welche Bedeutung haben die Fragen für die Zentralaussage der Erzählung? Analoges Vorgehen zu Abschnitt 2 auch im 3. Abschnitt möglich.
Hausaufgabe	Schreiben Sie – ausgehend von den Detailergebnissen der Stunde – eine systematische Interpretation zu *Die Brücke.*

Der Kübelreiter (2 Std./Lk)*

Gegenstand	*Der Kübelreiter*
Didaktische Aspekte	*Der Kübelreiter* als Parabel von der vergeblichen Suche des Ich nach mitmenschlicher Wärme – verstanden als surreale Umgestaltung eines realen Traumas Kafkas
Unterrichtsverlauf	1. Besprechung der Hausaufgabe 2. Handlungsmuster und Aussage des *Kübelreiters* – Ähnlichkeiten mit der *Brücke* 3. Detailanalysen zum 1. und 2. Abschnitt (Atmosphäre, Symbolik, Sprache) 4. Untersuchung der zentralen (Nicht-)Begegnung und der Ausweisung des Kübelreiters
Methodische Hilfen/ Impulse	2′ Als wesentliche Vergleichspunkte müßten erkannt werden: Kommunikation als Problem, Surrealität, das Handlungsmuster: statische Exposition – dynamisch aufsteigende Handlung und antizipierendes Durchspielen der Lösung – Scheitern. Erarbeitung im Unterrichtsgespräch. Als Impulse müßten jeweils erinnernde Hinweise auf die entsprechenden Ergebnisse der Hausaufgabenbesprechung reichen. Evtl. sollte man schon bei der Hausaufgabenbesprechung die für Punkt 2 relevanten Punkte stichwortartig festhalten. 3′ Mögliche Gruppenarbeit: a) Untersuchen Sie in Abschnitt 1: Ausgangssituation des Ich, sprachliche Vermittlung derselben, Raum- und Dingsymbolik. b) Untersuchen Sie in Abschnitt 2 die Darstellung des Kohlenhändlers und seiner Beziehung zum „Ich". Stellen Sie heraus, in welchen Punkten Ihnen die Überlegungen alogisch erscheinen. 4′ Leitfrage: Was ist befremdlich/paradox an der Kommunikation der drei Personen? Versuchen Sie einen Sinnzusammenhang zu konstruieren, indem Sie den Erzähltext als Projektion der psychischen Traumata Kafkas deuten.
Hausaufgabe	Lektüre von *Beim Bau der Chinesischen Mauer,* 289–299

Eine kaiserliche Botschaft (2 Std.)

Gegenstand	*Eine kaiserliche Botschaft*
Didaktische Aspekte	Zusammenhang von Weltsicht – Raum- u. Zeitstruktur – Erzählhaltung und Sprache
Unterrichtsverlauf	1. Gesamteindruck – zentrale Aussage 2. Figurenkonstellation 3. Das Raummodell und die Zeitstruktur 4. Sprache – Erzählhaltung 5. Referat 10*
Methodische Hilfen/ Impulse	1′ Leitfrage: Welche Botschaft enthält *Eine kaiserliche Botschaft* für den Leser? * – Vergleichen Sie die zentrale Aussage mit der des *Kübelreiters.* 2′ Beschreiben und deuten Sie das Verhältnis der beiden Hauptfiguren zueinander. Gehen Sie dabei auf die Paradoxien in diesem Bereich ein. 3′ Untersuchen Sie die Besonderheiten des Raummodells und der Zeitstruktur. * Vergleichen Sie Raummodell und Figurenkonstellation in *Der Kübelreiter* und in *Eine kaiserliche Botschaft.* 4′ Zeigen Sie Auffälligkeiten und Paradoxien in der Erzählstruktur auf (insbesondere: Position des Erzählers in bezug auf die Hauptfiguren) – Untersuchen Sie die Komposition des Aufbaus. Nehmen Sie zur Beschreibung den Begriff „Peripetie“ zu Hilfe. Achten Sie auf Symmetrien in der äußeren Proportionierung. – Untersuchen Sie den Bau auffälliger Satzkonstruktionen und deren Entsprechung zu anderen Strukturen. – Mit welchen semantischen Mitteln werden Endlosigkeit des Vorgangs, Unmöglichkeit der Lösung und Gegensätzlichkeit von positiven/negativen Aussagen unterstrichen?
Hausaufgabe	Wie viele Kurztexte Kafkas weist *Eine kaiserliche Botschaft* Stilzüge einer Parabel auf. Stellen Sie diese zusammen.

Auf der Galerie (2 Std.)

Gegenstand	*Auf der Galerie*
Didaktische Aspekte	Das paradoxe Verhältnis von Wirklichkeit und Schein – seine erzählerische Gestaltung
Unterrichts-verlauf	1. Einstieg in die Problematik durch gestaltendes Lesen 2. Detailanalyse des 1. Satzes (= 1. Texthälfte) 3. Detailanalyse des 2. Abschnitts 4. Vergleich von 1. und 2. Abschnitt: Was ist Wahrheit? 5. Referat 11
Methodische Hilfen/ Impulse	2′ Untersuchen Sie die Figurenkonstellation. – Ziehen Sie einen Vergleich zur *Kaiserlichen Botschaft.* – Untersuchen Sie die Raum- und Zeitstruktur und ihre Entsprechungen in der Syntax. 3′ Stillarbeit: Untersuchen Sie analog dazu den 2. Abschnitt. 4′ Stellen Sie die Unterschiede in der Charakterisierung der Figuren, im Realitätsmodus und grammatischen Modus einander gegenüber. Vergleichen Sie die Figur des Galeriebesuchers und erklären Sie seine Reaktion (mit vergleichendem Hinblick auf den Schluß der *Kaiserlichen Botschaft*). – Inwiefern kann man auf die Erzählhaltung den Begriff der paradoxen Kommunikation anwenden? Unterscheiden Sie zwischen digitaler (direkter) und analoger (indirekter) Aussage des impliziten Erzählers.

4
Klausurvorschläge: Textinterpretation zu verschiedenen Erzählungen

1. *Heimkehr* (320/321)
   (Voraussetzung: Vertrautheit mit dem biblischen Gleichnis, evtl. muß der Text bereitgestellt werden.)
   Gk/Lk a) Inhaltliche Veränderungen gegenüber dem biblischen Motiv
   Gk/Lk b) Handlungsaufbau und Sprache (u.a. Bedeutungsfelder, Schlüsselwörter, Satzbau)
   Gk/Lk c) Symbolik
   Gk/Lk d) Versuch einer Gesamtdeutung im Hinblick auf das Thema „Kommunikation".
   Lk e) Skizzieren Sie eine Entwicklungslinie in der Verarbeitung des Vater-Sohn-Konfliktes in: *Das Urteil* (1912), *Der Kübelreiter* (1917), *Heimkehr* (1920).

2. *Die Brücke* (284)
   Gk/Lk a) Handlungsstruktur
   Gk/Lk b) Symbolik und Zentralaussage zum Thema „Mitmenschliche Beziehung"
   Gk/Lk c) Charakteristische Stilzüge (Erzählstruktur und Sprache)

3. *Fürsprecher* (322/323)
   Gk/Lk a) Das Gericht: Raum – Personal – Funktion
   Gk/Lk b) Raum-, Zeit- und Existenzgefühl des „Angeklagten"
   Gk/Lk c) Die Beziehung des „Angeklagten" zu anderen Menschen
   Gk/Lk d) Sprachliche Gestaltung (evtl. zusätzlich Hinweise auf textübergreifende, für Kafka charakteristische Stilzüge)
   Lk e) Vergleichen Sie Symbolik und Sprachgestaltung des „Botenlaufs" in *Fürsprecher.*

4. *Das Stadtwappen* (306/307)
   (Voraussetzung: Kenntnis des biblischen Motivs, erwünscht ist inhaltliche Kenntnis von *Beim Bau der Chinesischen Mauer.* Zusatzinformation: Die Faust ist im Prager Stadtwappen enthalten.)
   Lk a) Vergleich mit dem biblischen Motiv des Turmbaus von Babel
   Lk b) Parallelen zu Kafkas Selbstverständnis
   Lk c) Interpretation der Parabel als Darstellung der Menschheitsentwicklung
   Lk d) Zeigen Sie auf, inwiefern die Bauform von *Das Stadtwappen* für Kafkas Parabeln, z.B. im Vergleich mit *Die Brücke, Der Kübelreiter,* typisch ist.

Anhang

Anmerkungen

[1] „(...) Die Psychoanalyse faßt psychologische Leistungen wie logisches Denken, Aufmerksamkeit, Urteilsfällung, kontrollierte Handlung etc. (...) unter dem Terminus des psychologischen ‚Sekundärvorgangs' zusammen (der im topischen Modell dem Bewußtsein und Vorbewußtsein korrelieren würde) und nimmt an, daß dieser sich in langsamer Reifung (= Realitätsanpassung der psychischen Leistungen) aus und über einem ‚primären' (d.h. auch: infantilen) psychischen Funktionssystem entwickelt hat, das von assoziativen Mechanismen nach dem Lust/Unlust-Prinzip charakterisiert ist (und im topischen Modell im Unbewußten zu situieren wäre). Im Traum kommen diese Automatismen des Primärvorgangs zur Geltung, die Traumentstellung verläuft nach seinen assoziativen Regeln: der Wunsch/Angst-Konflikt bildet sich ab in der assoziativen Bilderschrift des Primärvorgangs und wird von der ‚sekundären Traumarbeit' zusätzlich entstellt und in eine Form gebracht, in der er für die Wahrnehmung des ‚Sekundärvorgangs' geeignet ist. Daß die psychoanalytische Theorie in dieser Unterscheidung von Primär- und Sekundärvorgang komplizierte, genetische wie relationelle Beziehungen zwischen Triebimpuls, Wahrnehmung und Vorstellung einerseits und den Korrelaten des psychischen Sekundärvorgangs andererseits, zwischen ‚Wortvorstellung' und ‚Sachvorstellung' supponiert, kann an dieser Stelle nicht weiter verfolgt werden (...)" Aus: Wolff, Reinhold (Hrsg.): Psychoanalytische Literaturkritik. München 1975, 418. Näheres zur Charakterisierung des Primärprozesses s. dort, 418–429.

[2] Auch in den ikonographischen „Portraits" der Richter im *Prozeß* nimmt der Thronsessel eine besondere Stellung ein. Die Bilder der Richter, die sich übrigens alle überraschend gleichen – „will doch jeder Richter so gemalt werden, wie die alten, großen Richter gemalt worden sind" (112) –, weisen ebenfalls Parallelen zum Bild des Vaters auf: Der Richter ist realiter angeblich „fast winzig klein" (80), im Bild aber überdimensional groß. Der Richter ist umgeben von „Dunkel" und „Schatten". Er wird immer so dargestellt, als ob er gerade „aufspringen" (80) bzw. sich „drohend erheben" (107) wolle ...

[3] Neumann setzt die Narbe des Vaters am Oberschenkel zu den Wundmalen des Geistlichen in Beziehung. M. E. gibt es für die Narbe eine einfachere Erklärung. Sie gehört (wie z.B. der Sessel, der Schlafrock, der Wohnraum) zu den Elementen, die der Realität entlehnt sind. Der Vater hatte seit jeher eine Narbe im Rücken (BB 12.7.22, 396).

[4] Im Tagebuch von 1913 findet sich eine verwandte Kettensymbolik an zwei Stellen: In dem Doppelgängertraum vom 26.10. steht das Zerren an der „goldenen Uhrkette" in Zusammenhang mit einer Art Existenzprüfung (a.a.O., 204). In der Skizze vom 24. November sucht ein Student namens „Kette" zu nächtlicher Stunde vergeblich mit einem alten Kaufmann namens Meßner Kommunikation aufzunehmen. Er wird von dem Alten abgewiesen, läßt sich aber nicht abschütteln. Es kommt zu einer Auseinandersetzung, deren Ausgang ungewiß bleibt, weil das Fragment an der Stelle abbricht.

[5] Kafka assoziierte Fleisch mit Schmutz und Sexualität. Er lebte nach Möglichkeit vegetarisch. Nach Fleischgenuß fühlte er sich unrein: „... esse fast nur Fleisch, daß

mir übel wird, und ich früh nach schlechten Nächten mit offenem Mund den mißbrauchten und gestraften Körper wie eine fremde Schweinerei in meinem Bett fühle" (BB, Juli 1914, 131).
Ob dabei orthodoxe jüdische Reinheitsvorstellungen noch im Hintergrund wirksam sind, ist zu bezweifeln. In dem im Grunde unreligiösen Hause Kafka wurden derartige rituelle Bestimmungen nicht beachtet. Mit Sicherheit war der Vater ein ausgesprochener Fleisch-Esser, der den Sohn immer wieder zum Fleischgenuß zu nötigen suchte, z. T. ist Kafkas Abneigung aus dieser Eß-Dressur zu erklären, z. T. sicher aus seiner allgemeinen Zerfallenheit mit allem Körperlichen. Nichtsdestoweniger überkommen Kafka Anfälle von „Fleischeslust", die wie ein Sündenfall erlebt werden; vor den Auslagen von Metzgereien sündigt er in der Phantasie: „Besonders vor Selchereien befriedige ich dieses Verlangen. Sehe ich eine Wurst, die ein Zettel als eine alte, harte Hauswurst anzeigt, beiße ich in meiner Einbildung mit ganzem Gebiß hinein und schlucke rasch, regelmäßig und rücksichtslos wie eine Maschine. Die Verzweiflung, welche diese Tat selbst in der Vorstellung zur sofortigen Folge hat, steigert meine Eile. Die langen Schwarten von Rippenfleisch stoße ich ungebissen in den Mund und ziehe sie dann von hinten, den Magen und die Därme durchreißend, wieder heraus ..." (T., 30. 10. 1911, 82).

[6] In gewisser Weise antizipiert Josef K. im *Traum* eine positive Variante seines eigenen Endes. Im *Prozeß* begibt sich K. zwar auch freiwillig zu seiner Hinrichtung, um dem Prozeß ein Ende zu machen. Aber die Tötungsprozedur überläßt er der „Behörde", obwohl er genau wußte, „daß es seine Pflicht gewesen wäre, das Messer, als es von Hand zu Hand über ihm schwebte, selbst zu fassen und sich einzubohren. Aber er tat es nicht ... Vollständig konnte er sich nicht bewähren ..." (*Prozeß,* 165). Daher ist sein von außen kommender Tod gewissermaßen mißlungen. „‚Wie ein Hund!' sagte er, es war, als sollte die Scham ihn überleben" (a.a.O., 165).

Literaturverzeichnis

(Aus Raumgründen mußte auf eine Erfassung sowohl der Primärliteratur wie der Sekundärliteratur verzichtet werden. Wenn möglich werden jeweils die preiswerteren Taschenbuchausgaben aufgeführt. Ein Verzeichnis aller Erzählungen Kafkas mit ausführlichen Bemerkungen zu Chronologie und Edition enthält die als Lektüreband zugrundegelegte Taschenbuchausgabe von Paul Raabe.)

Primärliteratur

Franz Kafka:
- Sämtliche Erzählungen. Hrsg. v. Paul Raabe. Frankfurt: Fischer 1970, TB 1078. (Zitiert durch Angabe der bloßen Seitenzahl)
- Tagebücher 1910–1923. Hrsg. v. Max Brod. Frankfurt: Fischer 1973, TB 1346. (Zit.: T.)
- Briefe 1902–1924. Hrsg. v. Max Brod. Frankfurt: Fischer 1975, TB 1575. (Zit.: BB)
- Briefe an Felice. Hrsg. v. Erich Heller u. Jürgen Born. Frankfurt: Fischer 1976, TB 1697 (Zit.: BF)
- Brief an den Vater. In: Das Kafka-Buch. Hrsg. v. Heinz Politzer. Frankfurt: Fischer, TB 708, 13–51 (Zit.: BV)
- Hochzeitsvorbereitungen auf dem Lande und andere Prosa aus dem Nachlaß. Hrsg. v. Max Brod. Frankfurt: Fischer 1953
- Der Prozeß. Hrsg. v. Max Brod. Frankfurt: Fischer 1960, TB EC3

Bibliographien und Forschungsberichte

Beicken, Peter Ulrich: Franz Kafka. Eine kritische Einführung in die Forschung. Frankfurt: Fischer-Athenäum 1974, FAT 2014

Binder, Hartmut: Kafka-Handbuch, Bd. 2. Stuttgart 1979

Krusche, Dietrich: Kafka und die Kafka-Deutung. München 1974

Fingerhut, Karlheinz: Zwischen Beobachtern und Mitspielern. Neuere fachdidaktische Konzepte zum Schulklassiker Kafka. In: Diskussion Deutsch (1983), Aug., Nr. 72, 356–369

Benutzte Sekundärliteratur

Beißner, Friedrich: Der Erzähler Franz Kafka. Stuttgart 1952

Binder, Hartmut: Kafka in neuer Sicht. Stuttgart 1976

– (Hrsg.): Kafka-Handbuch, Bd. 1 u. 2. Stuttgart 1979

–: Franz Kafka, Leben und Persönlichkeit (= Kafka-Handbuch, Bd. 1, rev. Fassung). Stuttgart 1983

–: Kafka, der Schaffensprozeß. Frankfurt: Suhrkamp 1983, TB 2026

Born, Jürgen (Hrsg.): Franz Kafka, Kritik und Rezeption. Bd. 1: 1912–1924. Frankfurt 1929. Bd. 2: 1924–1938. Frankfurt 1983

Brod, Max: Über Franz Kafka/Franz Kafka, eine Biographie. Frankfurt: Fischer, TB 735

David, Claude (Hrsg.): Kafka und die Geschichte. In: Franz Kafka – Themen und Probleme. Göttingen: Vandenhoeck & Ruprecht 1980, KVR 1451

Etkind, Efim: Kafka in sowjetischer Sicht. a.a.O., KVR 1451, 238–255

Falke, Rita: Biographisch-literarische Hintergründe von Kafkas „Urteil". Germanisch-romanische Monatszeitschrift (1960), Nr. 10
Fingerhut, Karlheinz: Die Funktion der Tierfiguren im Werke Franz Kafkas. Bonn 1969
–: Umerzählen. Ein Lesebuch mit Anregungen für eigene Schreibversuche in der Sekundarstufe II. Frankfurt 1982
–: Franz Kafka – Klassiker der Moderne. Stuttgart 1981
Flores, Kate: Franz Kafka and the nameless Guilt. In: Quarterly Review of Literature (1947) Nr. 3
Goldstücker, Eduard: Kafkas Eckermann? – Zu Gustav Janouchs „Gespräche mit Kafka". a.a.O., KVR 1451, 238–255
Janouch, Gustav: Gespräche mit Kafka. Erweiterte Ausgabe. Frankfurt 1968
Kreis, Rudolf: Die doppelte Rede des Franz Kafka. Paderborn 1976
–: Kindheit, ein Schlüssel zu Kafka. In: Diskussion Deutsch (1983), Aug., Nr. 72, 380–392
Marson, Erich L.: Franz Kafkas „Urteil". In: AUMLA (1961) Nr. 16
Mecke, Günter: Franz Kafkas offenbares Geheimnis. München 1983
Meckling, Ingeborg: Kreativitätsübungen im Literaturunterricht der Oberstufe. München 1974, 2. Aufl.
Mitscherlich-Nielsen, Margarethe: Psychoanalytische Bemerkungen zu Franz Kafka. Psyche (1977) Nr. 31, H. 1
Neumann, Gerhard: Franz Kafka „Das Urteil". Text, Materialien, Kommentar. München 1981
Pasley, Malcolm u. Wagenbach, Klaus: Datierung sämtlicher Werke Franz Kafkas. In: Kafka-Symposium. München: Deutscher Taschenbuchverlag 1969, 43–66
–: Der Schreibakt und das Geschriebene. a.a.O., KVR 1451, 9–25
Politzer, Heinz: Franz Kafka Der Künstler. Frankfurt: Suhrkamp 1978, TB 433
Rajec, Elisabeth M.: Namen und ihre Bedeutung im Werke Franz Kafkas. Bern 1977
Rothe, Wolfgang: Kafka in der Kunst. Stuttgart 1979
Sautermeister, Gert: Die sozialkritische und sozialpsychologische Dimension in Franz Kafkas „Die Verwandlung". In: Der Deutschunterricht (1974) Nr. 26, H. 4, 99–109
Seidler, Ingo: Das „Urteil": Freud natürlich? In: Paulsen (Hrsg.): Psychologie in der Literaturwissenschaft. Heidelberg 1971
Sokel, Walter: Franz Kafka – Tragik und Ironie, München 1964
–: Zur Sprachauffassung und Poetik Franz Kafkas. a.a.O., KVR, 26–47
Steinmetz, Horst: Suspensive Interpretation. Göttingen 1977
Wagenbach, Klaus: Kafka. Hamburg 1964, rm 91
Walser, Martin: Beschreibung einer Form. München 1961
Weber, Albrecht; Schlingmann, C.; Kleinschmidt, G.: Interpretation zu Franz Kafka. München 1968
Zimmermann, Werner: Deutsche Prosadichtungen unseres Jahrhunderts I. Neufassung. Düsseldorf 1966

Allgemeine Literatur

Brenner, Charles: Grundzüge der Psychoanalyse. Frankfurt: Fischer 1976, TB 6309 (Original: An Elementary Textbook of Psychoanalysis. 1955/1972)

Faraday, Ann: Die positive Kraft der Träume. Ulm: Ullstein 1982. Sachbuch 780 (Original: Dream Power. 1972)

Freud, Sigmund: Abriß der Psychoanalyse/Das Unbehagen in der Kultur. Frankfurt: Fischer 1971, TB 6043

–: Über Träume und Traumdeutung. Frankfurt: Fischer 1972, TB 6073

–: Der Wahn und die Träume in W. Jensens Gradiva. Frankfurt: Fischer 1973, TB 6172

Hall, Calvin S.: The Meaning of Dreams. Erw. Fassung. New York 1968

Jung, Carl Gustav: Bewußtes und Unbewußtes. Frankfurt: Fischer 1957, TB 175

–: Über Grundlagen der analytischen Psychologie. Die Tavistock Lectures 1935. Frankfurt: Fischer 1975, TB 6302

Muschg, Adolf: Gottfried Keller. Frankfurt: Suhrkamp 1980, TB 617

Seiler, Bernd: Vieldeutigkeit und Deutungsvielfalt. In: Der Deutschunterricht (1982) Nr. 34, H. 6, 87–104

Schopenhauer, Arthur: Auswahl. Eingeleitet v. R. Schneider. Frankfurt: Fischer 1976, TB 134

Watzlawick, P., Beavin, J. H. u. Jackson, D. D.: Menschliche Kommunikation. Formen, Störungen, Paradoxien. Bern 1974, 4. Aufl.

Wolff, Reinhold (Hrsg.): Psychoanalytische Literaturtechnik. München 1975

Zeittafel zu Leben und Werk

1883	geboren in Prag als Sohn des jüdischen Kaufmanns Hermann Kafka und seiner Frau Julie (geb. Löwy).
1889–93	Volksschule am Fleischmarkt.
1893–1901	Altstädter Deutsches Staatsgymnasium. Wohnung der Familie in der Zeltnergasse.
1901–1906	Studium an der Deutschen Universität in Prag. Zunächst Germanistik, seit dem 2. Semester Jura.
1902	Ferien in Liboch und Triesch bei Onkel Siegfried, dem Landarzt. Erste Begegnung mit Max Brod. Franz Brentano, „Louvrezirkel“.
1904–1905	Die ersten regelmäßigen Zusammenkünfte mit Oskar Baum, Max Brod und Felix Weltsch. Die Sommerferien 1905 und 1906 in Zuckmantel.
1906	Promotion zum Dr. iur. Advokatur, ab Oktober ein Jahr „Rechtspraxis“.
1907	Im Oktober Eintritt in die „Assicurazioni Generali“.
1908	Ab Juli: „Arbeiter-Unfall-Versicherungs-Anstalt“ (bis zur Pensionierung im Juli 1922).
1909	Ferien mit Max und Otto Brod in Riva.
1910/1911	Beginn des Tagebuchs. Jiddische Schauspieltruppe. Amtliche Reise nach Friedland und Reichenberg. Ferien an den oberitalienischen Seen mit Max Brod. Aufenthalt im Erlenbacher Sanatorium.
1912	Juli mit Max Brod in Weimar, dann in Jungborn. Erste Begegnung mit Felice Bauer. Oktober: Beginn der Korrespondenz mit Felice Bauer. Erste öffentliche Lesung in Prag *(Das Urteil)*.
1913	Ostern: Erster Besuch bei Felice Bauer in Berlin. April: Gartenarbeit in Troja. Mai: Zweiter Besuch in Berlin; September: Wien, Venedig, Riva. „Die Schweizerin“.
1914	Ostern in Berlin. Juni: Verlobung mit Felice Bauer. Juli: Entlobung. Reise an die Ostsee. August: Eigenes Zimmer in der Bilekgasse.
1915	Januar: Erstes Wiedersehen mit Felice Bauer. Reise nach Ungarn. Carl Sternheim gibt den Fontane-Preis an Kafka.
1916	Juli: Mit Felice Bauer in Marienbad. November: Zweite öffentliche Lesung in München *(In der Strafkolonie)*. Zimmer in der Alchimistengasse.
1917	März: Zimmer im Schönborn Palais. Juli: Zweite Verlobung mit Felice Bauer. September: Konstatierung der Lungentuberkulose; Übersiedlung nach Zürau zur Schwester Ottla. Dezember: Entlobung.
1917/1918	Herbst 1917 bis Frühjahr 1918: Aphorismen.
1918	Zürau. Im Sommer Prag. Rumburg. Im September in Turnau. Ab November in Schelesen. Julie Wohryzek.
1919	Schelesen. Ab Frühjahr wieder in Prag. Verlobung mit Julie Wohryzek.
1920	Gustav Janouch. Ab April in Meran; Briefwechsel mit Milena Jesenská. Wien. Entlobung mit Julie Wohryzek. Ab Dezember in Matliary (Tatra). Robert Klopstock.

1921	Matliary. Im Herbst wieder in Prag.
1922	Februar in Spindelmühle, dann Prag, von Ende Juni bis Mitte September in Planá bei der Schwester Ottla.
1923	Prag. Im Juli in Müritz (Ostsee); Dora Diamant. Schelesen (Ottla). Ab September in Berlin.
1924	Berlin. Im März in Prag. Anfang April Abreise von Prag. Mit Dora Diamant und Robert Klopstock im Sanatorium in Kierling; dort stirbt Kafka am 3. Juni. Am 11. Juni Begräbnis in Prag. Seine nachgelassenen Werke wurden – gegen seinen Willen – von Max Brod gerettet und veröffentlicht.

Romane und Erzählungen

1908	Erste Publikation von acht Prosastücken in der Zeitschrift „Hyperion"
1913	*Betrachtung*
1913	*Der Heizer* (erstes Kapitel des unvollendeten Romans *Amerika,* zunächst auch als *Der Verschollene* bezeichnet)
1915	*Die Verwandlung* (entstanden 1912)
1916	*Das Urteil* (entstanden 1912)
1919	*Ein Landarzt.* Sammlung von Erzählungen *Briefe an den Vater* *In der Strafkolonie* (entstanden 1914)
1920	Zahlreiche Erzählungen, darunter: *Poseidon, Nachts, Zur Frage der Gesetze, Der Kreisel*
1924	*Ein Hungerkünstler.* Erzählungen
1925	*Der Prozeß* (begonnen 1914/15). Roman
1926	*Das Schloß* (entstanden 1921/22). Roman
1927	*Amerika.* Roman
1931	*Beim Bau der chinesischen Mauer.* Erzählungen und Prosa

Briefe und Tagebücher

1951	*Tagebücher 1910–1923*
1952	*Briefe an Milena*
1967	*Briefe an Felice und andere Korrespondenz aus der Verlobungszeit*
1974	*Briefe an Ottla und die Familie*